Ricardo Petracca
Felipe Radicetti

INTRODUÇÃO À COMPOSIÇÃO MUSICAL TONAL

roteiro para os primeiros passos

Rua Clara Vendramin, 58 . Mossunguê
CEP 81200-170 . Curitiba . PR . Brasil
Fone: (41) 2106-4170
www.intersaberes.com
editora@intersaberes.com

Conselho editorial
Dr. Alexandre Coutinho Pagliarini
Drª Elena Godoy
Dr. Neri dos Santos
Mª Maria Lúcia Prado Sabatella

Editora-chefe
Lindsay Azambuja

Gerente editorial
Ariadne Nunes Wenger

Assistente editorial
Daniela Viroli Pereira Pinto

Preparação de originais
Gilberto Girardello Filho

Edição de texto
Mille Foglie Soluções Editoriais
Palavra do Editor
Tiago Krelling Marinaska

Capa e projeto gráfico
Charles L. da Silva (design)
CHIARI VFX/Shutterstock (imagem de capa)

Diagramação
Regiane Rosa

Equipe de *design*
Charles L. da Silva
Iná Trigo

Iconografia
Regina Claudia Cruz Prestes
Sandra Lopis da Silveira

Dados Internacionais de Catalogação na Publicação (CIP)
(Câmara Brasileira do Livro, SP, Brasil)

Petracca, Ricardo
    Introdução à composição musical tonal : roteiro para os primeiros passos / Ricardo Petracca, Felipe Radicetti. -- Curitiba : Intersaberes, 2023. -- (Série alma da música)

    Bibliografia.
    ISBN 978-65-5517-237-9

    1. Composição musical 2. Tonalidade (Música) I. Radicetti, Felipe. II. Título. III. Série.

22-113591   CDD-781.3

Índices para catálogo sistemático:
1. Composição musical   781.3
        Eliete Marques da Silva - Bibliotecária - CRB-8/9380

1ª edição, 2023.

Foi feito o depósito legal.

Informamos que é de inteira responsabilidade dos autores a emissão de conceitos.

Nenhuma parte desta publicação poderá ser reproduzida por qualquer meio ou forma sem a prévia autorização da Editora InterSaberes.

A violação dos direitos autorais é crime estabelecido na Lei n. 9.610/1998 e punido pelo art. 184 do Código Penal.

SUMÁRIO

7   Apresentação
11 Como aproveitar ao máximo este livro

Capítulo 1
15 Tempo, pulso e ritmo musical

16 1.1 Ideias musicais: de onde vêm?
18 1.2 Repetição, variação e contraste
19 1.3 Aplicação dos conceitos de tempo, pulso e ritmo
40 1.4 Sugestões de usos e repertórios

Capítulo 2
47 Sons sucessivos

48 2.1 Melodia
50 2.2 Melodias e escalas
63 2.3 Transformações rítmico-melódicas
77 2.4 Tema e variações
85 2.5 Sugestões de usos e repertórios

Capítulo 3
95 Sons simultâneos

- 96 3.1 Acordes
- 128 3.2 Melodia e harmonia
- 139 3.3 Criando uma melodia a partir da harmonia
- 141 3.4 Harmonizando uma melodia
- 149 3.5 Homofonia e polifonia
- 156 3.6 Análise melódica
- 171 3.7 Sugestões de usos e repertórios

Capítulo 4
179 Combinações sonoras

- 180 4.1 Fontes sonoras
- 182 4.2 Timbre
- 185 4.3 Texturas
- 193 4.4 Pequenos e grandes grupos instrumentais
- 231 4.5 Sugestões de usos e repertórios

Capítulo 5
239 Os sons e as palavras

- 240 5.1 A relação entre música e texto
- 245 5.2 Melodia vocal
- 247 5.3 Canção popular
- 250 5.4 Canto coral
- 265 5.5 Sugestões de usos e repertórios

Capítulo 6
272 Forma e estrutura musical

273 6.1 Fundamentos das formas musicais
294 6.2 Planejamento e parâmetros para a estruturação da composição
301 6.3 Elaboração da composição
303 6.4 Escrita e comunicação da composição
306 6.5 Sugestões de usos e repertórios

315 Considerações finais
317 Referências
321 Bibliografia comentada
323 Anexo
330 Respostas
332 Sobre os autores

Este livro é dedicado a Oliveiros
(1931-2018). *In memoriam.*
Ricardo Petracca

A Diana, minha neta, nascida em
28 de dezembro de 2020.
Felipe Radicetti

APRESENTAÇÃO

O estudo do instrumento é diferente daquele destinado à composição musical. No caso do instrumento, a aprendizagem da teoria musical tem como fim a execução e a interpretação de uma música. Já na composição musical, o fim é a criação, a elaboração de uma ideia musical. Tal diferença de finalidade implica que a teoria musical seja abordada de modo específico em cada um desses casos.

Na composição musical, a teoria está a serviço de um pensamento criativo. Mas o que poderia estar contido em um livro introdutório de composição? Obviamente, aí se inclui a teoria musical, partindo-se do pressuposto de que o aluno já tenha um conhecimento básico sobre o assunto, principalmente no que diz respeito à escrita musical, aos intervalos, aos compassos, às escalas maiores e menores e à formação de acordes. Por essa razão, neste livro, a teoria musical foi contemplada sem o compromisso de se revisar seu conteúdo; em verdade, o propósito é extrair dela o suficiente para se construir um caminho coerente que leva à criação musical.

Para tratarmos da composição, decidimos partir dos elementos musicais mais conhecidos, entendendo a repetição, a variação e o contraste ora como princípios, ora como procedimentos de que o compositor dispõe para a elaboração de sua música. Não há como discutir sobre a feitura de uma música do século XXI, que se utiliza de recursos expressivos avançados e notação contemporânea, sem antes compreender como se faz o desenvolvimento de um motivo. Sob essa perspectiva, consideramos que os princípios da variação, da repetição e do contraste não se alteram, seja em uma obra do século XXI, seja em uma obra do século XVIII. É nesse sentido que optamos por introduzir o pensamento composicional de maneira mais acessível à maioria dos músicos. Assim, destinamos este livro àqueles que têm conhecimento básico da teoria musical e desejam desenvolver seu potencial criativo, refletindo sobre questões pertinentes à composição.

Não trataremos aqui de aplicativos, *softwares* ou plataformas digitais de *workstation* utilizadas para compor e gravar músicas. Neste livro, a composição é entendida como algo artesanal, que se vale da linguagem musical para elaborar o pensamento criativo. Desse modo, para guiarmos o(a) leitor(a) no percurso da criação musical, definimos um trajeto que se inicia com a seguinte pergunta: De onde vêm as ideias musicais?

Independentemente de tal origem, no Capítulo 1, apresentaremos três princípios ou procedimentos que devem ser levados em conta quando da formulação dessas ideias: a repetição, a variação e o contraste, que se verificam durante a vigência de uma música – entendendo-a como uma arte do tempo. Demonstraremos que isso tem implicações no pulso e na divisão de tempos regulares, dos quais podemos deduzir o andamento e os compassos – necessários para que o compositor articule e ordene a duração dos sons em uma música e, assim, elabore o ritmo musical.

No Capítulo 2, discorreremos sobre as alturas, considerando que as escalas podem ser utilizadas para a criação e a elaboração de melodias, com diferentes perfis melódicos. Examinaremos a criação de melodias por meio de variações motívicas e de um conjunto de alturas/intervalos, mostrando que isso pode auxiliar na criação de frases, períodos e temas. Ademais, veremos que a variação, ou tema e variações, é uma forma musical que ilustra as diferentes possibilidades de variação de um tema.

No Capítulo 3, versaremos sobre a harmonia e suas relações com a melodia, abrangendo o aspecto funcional dos acordes, bem como progressões e cadências. Em seguida, discutiremos sobre as notas da melodia que têm origem nos acordes e as que lhes são estranhas, assim como a criação de melodias por meio de uma progressão de acordes, incluindo sua rearmonização e a composição de contracantos e melodias em bloco.

No Capítulo 4, enfocaremos as diferentes fontes sonoras presentes nos instrumentos musicais e os harmônicos por elas gerados que participam na constituição do timbre. Na sequência, trataremos da utilização e combinação dos instrumentos e de algumas possibilidades de instrumentação e orquestração de texturas homofônicas e polifônicas.

No Capítulo 5, comentaremos alguns aspectos da música que podem conferir tonicidade à sílaba da palavra. Depois, abordaremos a melodia direcionada ao canto e a composição de canções, considerando o gênero e a forma musical. Apresentaremos, também, o canto coral, com sugestões de procedimentos para a composição de músicas destinadas para coros *a cappella*.

No Capítulo 6, retomaremos os princípios da repetição, da variação e do contraste, evidenciando que eles podem fundamentar tanto as formas básicas quanto as grandes formas musicais, utilizando como exemplo a forma da sonata clássica. Na sequência, destacaremos o planejamento da composição e a importância de uma comunicação clara e objetiva quando do registro da música em partitura.

Para ilustrarmos o conteúdo contemplado neste livro, utilizamos muitos exemplos musicais. Alguns deles foram compostos especialmente para o livro, outros retirados do repertório da música ocidental e outros, ainda, da bibliografia da área. Essas escolhas se justificam pelo entendimento de que isso pode ajudar o(a) leitor(a) a ampliar seu repertório musical e a conhecer algumas referências bibliográficas relacionadas ao assunto.

Esperamos que esta obra auxilie o(a) leitor(a) no desenvolvimento de suas potencialidades criativas e musicais. Boa leitura!

COMO APROVEITAR AO MÁXIMO ESTE LIVRO

Empregamos nesta obra recursos que visam enriquecer seu aprendizado, facilitar a compreensão dos conteúdos e tornar a leitura mais dinâmica. Conheça a seguir cada uma dessas ferramentas e saiba como estão distribuídas no decorrer deste livro para bem aproveitá-las.

Introdução ao capítulo

Logo na abertura do capítulo, informamos os temas de estudo e os objetivos de aprendizagem que serão nele abrangidos, fazendo considerações preliminares sobre as temáticas em foco.

Importante!

Algumas das informações centrais para a compreensão da obra aparecem nesta seção. Aproveite para refletir sobre os conteúdos apresentados.

Síntese

Ao final de cada capítulo, relacionamos as principais informações nele abordadas a fim de que você avalie as conclusões a que chegou, confirmando-as ou redefinindo-as.

Atividades de autoavaliação

Apresentamos estas questões objetivas para que você verifique o grau de assimilação dos conceitos examinados, motivando-se a progredir em seus estudos.

Atividades de autoavaliação

1. A respeito das ideias musicais, é correto afirmar que:
   a) surgem somente quando o compositor está inspirado.
   b) podem ocorrer de várias maneiras, como no caso de surgirem a partir de uma sequência numérica.
   c) surgem sempre a partir de um repertório musical.
   d) não são necessárias para compor.
   e) só são úteis em determinados tipos de composição.

2. Tendo em vista os princípios da repetição, da variação e do contraste, assinale V para as proposições verdadeiras e F para as falsas.
   ( ) O compositor não se utiliza da repetição para a elaboração da música.
   ( ) A música é uma arte do tempo e, por essa razão, a memória não tem um papel fundamental.
   ( ) Quando o que está sendo ouvido é totalmente diferente do que foi ouvido antes, caracteriza-se um momento contrastante em relação ao momento anterior.
   ( ) Pode-se estabelecer uma relação de repetição, variação ou contraste entre um momento e outros que ocorrem em uma música.

   Agora, assinale a alternativa que corresponde à sequência correta de preenchimento dos parênteses, de cima para baixo:
   a) F, F, V, F.
   b) V, V, V, F.
   c) F, V, F, V.
   d) F, F, V, V.
   e) V, F, V, V.

Atividades de aprendizagem

Aqui apresentamos questões que aproximam conhecimentos teóricos e práticos a fim de que você analise criticamente determinado assunto.

5. Assinale a alternativa que indica qual procedimento de elaboração rítmica era utilizado antes do século XX:
   a) Serialização rítmica.
   b) Modulação métrica.
   c) Notação proporcional.
   d) Abordagem métrica tradicional simultaneamente com outra mais livre.
   e) Variação motívica.

Atividades de aprendizagem

Questão para reflexão

1. Há muitas composições criadas para apresentações de dança. De que maneira o pulso e o ritmo musical podem interferir na dança?

Atividade aplicada: prática

1. Podemos perceber diferentes ritmos à nossa volta: o ritmo do som da máquina de lavar roupas, do motor de uma moto ou de um carro, da chuva batendo na janela... Preste atenção aos sons que o(a) rodeiam e anote na partitura cinco ritmos diferentes. Depois, designe uma fórmula de compasso para cada um deles.

Bibliografia comentada

Nesta seção, comentamos algumas obras de referência para o estudo dos temas examinados ao longo do livro.

ALMADA, C. **Arranjo**. Campinas: Ed. da Unicamp, 2000.

Nesse livro, são detalhadas informações sobre os instrumentos musicais e sua utilização. Nele, o autor aborda outros aspectos que podem auxiliar tanto o arranjador quanto o compositor.

SCHOENBERG, A. **Fundamentos da composição musical**. São Paulo: Edusp, 1991.

Arnold Schoenberg, além de compositor, foi um excelente professor. Nesse livro rico em exemplos, o autor detalha desde a elaboração de motivos até a composição de grandes formas musicais.

SCHOENBERG, A. **Harmonia**. São Paulo: Ed. da Unesp, 2001.

Nesse livro dedicado ao tema da harmonia, o leitor encontra uma abordagem ampla e aprofundada do assunto.

Capítulo 1
TEMPO, PULSO E RITMO MUSICAL

Neste capítulo, discutiremos de onde vêm as ideias musicais, reconhecendo que podem ser várias as motivações para se compor uma música. Demonstraremos que a elaboração da composição está atrelada à memória musical e aos princípios da repetição, da variação e do contraste, elementos que somente podem ser avaliados durante a vigência do tempo musical, pois se trata de uma arte do tempo. Na sequência, comentaremos a importância da noção de tempo, bem como suas implicações no pulso e no ritmo musical, verificando aspectos ligados ao andamento e à divisão da música em séries regulares de tempo – os compassos. Esse conhecimento auxilia o compositor na articulação e na ordenação da duração dos sons no período de vigência do tempo musical – o ritmo.

Em um segundo momento, analisaremos alguns procedimentos de que o compositor pode se valer para elaborar o ritmo musical. Iniciaremos pelos mais básicos e, depois, partiremos para outros recursos constatados no repertório da música do século XX. Ao final, discorreremos sobre os recursos composicionais propostos, sugerindo algumas obras para que você, leitor(a), possa contextualizá-los.

1.1 Ideias musicais: de onde vêm?

É comum as pessoas pensarem que, para compor, é necessário estar inspirado! Isso não é verdade! Geralmente, o compositor, para realizar seu trabalho, interage com muitas pessoas. Logo, se ele precisasse de inspiração para trabalhar, isso seria inviável. Dessa constatação emerge a pergunta: Se não é somente inspiração, de onde vêm as ideias musicais? Bem, elas podem surgir de várias maneiras: podem ser originárias de uma sequência de números, de uma palavra, de uma imagem, além de muitas outras possibilidades. Johann Sebastian Bach (1685-1750) usou as letras de seu nome para compor o *Contrapunctus XIX* da *Arte da fuga*; Béla Bartók (1881-1945) utilizou a proporção áurea. Antonio Vivaldi (1668-1741), em *As quatro estações*, inspirou-se em um poema. Modest Mussorgsky (1839-1881) compôs *Quadros de uma exposição* a partir das imagens que observou em uma exposição; Iánnis Xenákis (1922-2001) usou o cálculo de probabilidades com o auxílio do computador. Atualmente, há programas computacionais que sugerem ritmos executados por *samples* (amostras) de bateria, diferentes tipos de acompanhamento harmônico e linhas de baixo, que podem ajudar o compositor a iniciar seu trabalho.

Na realidade, não existe um modelo preestabelecido para compor. É possível nesse trabalho considerar uma melodia original ou conhecida guardada na memória, um acorde ou um ritmo popular, por exemplo. O fato é que, partindo de um estímulo – musical, visual, auditivo, verbal, entre outros –, o compositor cria seus "marcos referenciais" e delimita seu campo de ação. Desse modo, e em meio a infinitas possibilidades, ele direciona seu trabalho criando uma condição propícia para o desenvolvimento de sua ideia musical por meio da manipulação dos sons. É claro que, em algum momento, o compositor pode ter um *insight*, uma ideia genial para realizar a composição. Saiba, porém, que esse não é o dia a dia desse profissional. E o que é necessário para compor?

Há compositores que compõem usando violão, teclado, programas de computador, e há aqueles que compõem em sua mente e depois se utilizam de algum meio – como a partitura – para comunicar sua criação. Então, o que é essencial aqui? É fazer algo com os sons e ouvir o que foi feito para avaliar! E, para não se repetir constantemente naquilo que se faz e adquirir mais e melhores meios de elaboração da composição, é importante comparar o resultado com outros trabalhos próprios e de outros compositores, assim como conhecer um pouco da bagagem musical que o ser humano carrega há milênios. O compositor pode fazer isso abrindo-se para diferentes tipos de música, buscando inteirar-se da produção musical de outros períodos e culturas. Esse conhecimento é bastante profícuo.

No entanto, a composição não é o único trabalho criativo em música. A improvisação e a interpretação também podem ser muito criativas. O compositor, em sua obra, pode indicar o caminho tanto para a interpretação quanto para a improvisação. Por essa razão, é importante apreciar diferentes interpretações de uma mesma música ou diversos improvisos sobre um mesmo tema (muito comum no *jazz*). Isso também pode auxiliar o compositor na descoberta de diferentes possibilidades criativas que podem ser utilizadas no momento de compor.

1.2 Repetição, variação e contraste

O ouvinte somente percebe a música em sua totalidade depois que ela termina. Isso significa que, se determinada música tem duração de três minutos, esse é o tempo que se leva para apreciá-la em sua integralidade. Por isso é que se diz que a música é uma **arte do tempo**; afinal, ela é revelada com o passar do tempo. Nesse sentido, a **memória** exerce um papel importante. Isso porque a memória do ouvinte é requerida para que ele possa, durante a vigência de uma música, estabelecer relações entre o que ouve em determinado momento e o que ouviu anteriormente. Tais relações podem ser resumidas a três possibilidades:

1. **Repetição**: o que se ouve agora é exatamente igual ao que se ouviu anteriormente.
2. **Variação**: o que se ouve agora é uma variação em maior ou menor grau do que se ouviu anteriormente.
3. **Contraste**: o que se ouve agora é totalmente diferente do que se ouviu anteriormente.

É por meio dessas relações que o compositor elabora a composição. Segundo o compositor e arranjador Jason Martineau (2017, p. 9),

> Na música, grande parte da comunicação de sentido é dependente de opostos. Cromático-diatônico, salto-intervalo, repetição-contraste... Os opostos interagem, conforme a narrativa se desenrola, para arrastar o ouvinte. Os contextos são definidos de imediato pelos primeiros sons apresentados na música, e tudo o que segue é constantemente comparado com o que veio antes, a curto e a longo prazo, conforme o tempo passa. Assim, a interação dessa dialética torna-se clara à medida que a música se desenvolve.

1.3 Aplicação dos conceitos de tempo, pulso e ritmo

Em uma composição, os eventos sonoros, assim como as pausas (silêncios), são organizados em determinado período. Como mencionamos anteriormente, a música é uma arte do tempo, e as ideias musicais são percebidas com o tempo e retidas com a ajuda da memória. Assim, em uma composição, as questões temporais são estruturantes e estão associadas às durações, as quais envolvem o ritmo, o compasso e o andamento.

Para isso ser mais bem compreendido, é importante entender como tais elementos estão integrados.

Quando alguém pratica exercícios físicos, por exemplo, é comum monitorar sua frequência cardíaca por meio da pulsação arterial. Para medi-la, a pessoa pressiona levemente com os dedos o punho ou a região do pescoço. Quando ela mede a pulsação durante um minuto antes de iniciar exercícios físicos (no estado de relaxamento), nota que esta é diferente daquela medida pelo mesmo tempo logo depois de correr por 40 minutos. Nessa segunda situação, a frequência cardíaca é maior, isto é, o coração do praticante bate mais rápido do que quando relaxado.

Esse exemplo ilustra o que acontece também na música: é possível alterar a quantidade de pulsações (batidas) em certo período. Com isso, altera-se o **andamento** da música, um dos recursos que o compositor tem para criar contrastes entre partes ou seções da música, adotando, por exemplo, uma sequência de três movimentos: rápido – lento – rápido. Na música de tradição europeia-ocidental e em senso amplo, esse era o esquema dos movimentos de um concerto para piano no período clássico.

O andamento é designado por termos italianos, como (do mais lento para o mais rápido) *largo, adagio, andante, moderato, allegro* e *presto*, mas pode ser também indicado de forma mais precisa considerando-se o número de pulsos ou batidas por minuto (bpm). O **metrônomo** é o mais indicado para esse fim.

Na Tabela 1.1, a seguir, estão listados os diferentes andamentos e sua equivalência em bpm.

Tabela 1.1 – Tabela de andamentos musicais

Andamento	Batidas por minuto (bpm)
Largo	40 a 60
Larghetto	60 a 66
Adagio	66 a 76
Andante	76 a 108
Allegro	108 a 168
Presto	168 a 200

Fonte: Elaborado com base em Jarret; Day, 2016, p. 32.

Um andamento apresenta uma pulsação constante, isto é, uma quantidade de pulsos (batidas) que se mantém com a mesma velocidade (mesma quantidade de bpm). Alterá-lo significa modificar o número de bpm. Isso pode ser feito de maneira progressiva pelo compositor, que pode indicar na partitura para que o intérprete aumente gradativamente o andamento (*accelerando*) ou o diminua, tornando-o mais lento (*rittardando*). Além do andamento, o tempo na música pode ser contemplado por outro viés.

Considerando-se que há vários sons e silêncios distribuídos em uma música, estão implícitas no trabalho do compositor a organização e a combinação dos momentos de som e silêncio – cada um com sua duração (sons longos e curtos, avaliados uns em relação aos outros). Assim, cabe ao compositor articular as durações dos sons, conferindo-lhes uma ordem; ele pode, também, destacar alguns em detrimento de outros. Quando faz isso, está atribuindo um **ritmo** à música. Para elaborar o ritmo, portanto, é preciso estabelecer uma relação entre as durações dos sons com base em determinada proporção. Para isso, utiliza-se o **valor**, o qual consiste em um sinal que designa a duração dos **sons** (valores positivos ou **figuras**) e dos

silêncios (valores negativos ou **pausas**). As figuras são nomeadas como *semibreves, mínimas, semínimas, colcheias, semicolcheias, fusas* e *semifusas*. Para cada figura, há uma **pausa** equivalente, a qual é nomeada acrescentando-se o termo *pausa* antes do nome de cada figura: *pausa de semibreve, pausa de mínima, pausa de semínima* e assim por diante.

As figuras (e as pausas) estão atreladas à seguinte proporção:

1 semibreve = 2 mínimas = 4 semínimas = 8 colcheias = 16 semicolcheias = 32 fusas = 64 semifusas

Observe no Quadro 1.1, a seguir, a divisão proporcional de valores.

Quadro 1.1 - Divisão proporcional de valores

Signo	Figura	Nomenclatura
1 (unidade)	𝅝	semibreve
2	𝅗𝅥 𝅗𝅥	mínima
4	♩ ♩ ♩ ♩	semínima
8	♪ ♪ ♪ ♪ ♪ ♪ ♪ ♪	colcheia
16	𝅘𝅥𝅯 × 16	semicolcheia
32	𝅘𝅥𝅰 × 32	fusa
64	𝅘𝅥𝅱 × 64	semifusa

Com base nessa proporção, o compositor elabora o ritmo de sua música. Tradicionalmente, ele faz isso dividindo-a em séries regulares de tempo, isto é, em **compassos**. Ele pode determinar a quantidade de tempos por compasso (e aqui temos outra acepção da palavra *tempo* em música). Os mais comuns são os compassos de dois, três ou quatro tempos, porém há compassos de cinco, seis, sete tempos e outros. Além disso, durante uma música, o compositor pode alternar compassos com quantidade de tempos diferentes.

Contudo, para elaborar o **ritmo**, não basta dividir a música em séries regulares de tempo. É necessário estabelecer o **critério de proporção** a ser utilizado para escrever o ritmo no interior de cada compasso. O compositor deve, então, definir qual figura será equivalente a um tempo do compasso. Se for uma semínima, um compasso de três tempos, por exemplo, será preenchido com as relações de proporção que equivalem a três semínimas. Já em um compasso de dois tempos, se a unidade de tempo for uma mínima, as relações de proporção que ele estabelecerá no interior do compasso deverão ser equivalentes a duas mínimas. Ao registrar isso na pauta, o compositor deve deixar claras tais relações por meio da **fórmula do compasso**, indicando quantos tempos tem o compasso e qual figura representa cada tempo desse compasso. Por exemplo: 3/4 = compasso de três tempos, em que que cada tempo é representado pela semínima; 6/8 = compasso de seis tempos, em que cada tempo é representado pela colcheia (conforme mostra o Quadro 1.1).

Ainda que você, leitor(a), já detenha esse conhecimento, essa rápida revisão é útil para recordarmos que, para compor o ritmo de uma música, deve-se ter em vista que a organização e a distribuição de sons e silêncios estão atreladas a uma série temporal, às relações de proporção entre as durações e à velocidade com que tais relações são (ou serão) apresentadas auditivamente. É importante fixar isso porque nem sempre o compositor tem uma ideia rítmica desenvolvida em sua mente, isto é, uma relação entre sons e silêncios já imaginada ou memorizada. Nesse caso, há alguns procedimentos a serem realizados para, a partir de um **motivo** inicial, desenvolver e elaborar o ritmo de uma música. Conforme Schoenberg (1991), um motivo pode ser qualquer sucessão rítmica de notas, mas seus elementos não podem ser muito diferentes. Por exemplo, imagine que a ideia inicial seja a expressa na Partitura 1.1.

Partitura 1.1 – Motivo inicial (ideia inicial)

É possível elaborá-la por meio de diferentes variações rítmicas, apresentadas na sequência.

- **Aumentando-se os valores**

Partitura 1.2 – Variação motívica: aumento de valores

Partitura 1.3 – Variação motívica: aumento de valores (alternativa)

- **Diminuindo-se os valores**

Partitura 1.4 – Variação motívica: diminuição de valores

Partitura 1.5 – Variação motívica: diminuição de valores (alternativa)

- **Deslocando-se o ritmo sem mudar os valores**

Partitura 1.6 – Variação motívica: deslocamento rítmico

- **Adicionando-se valores**

Partitura 1.7 – Variação motívica: adição de valores

- **Suprimindo-se valores**

Partitura 1.8 – Variação motívica: supressão de valores

Esses são alguns procedimentos básicos, mas que podem ser úteis para desenvolver uma ideia rítmica. A seguir, observe um trecho da "Ode à Alegria", da parte cantada pelas sopranos, extraída do 4º movimento da *Sinfonia n. 9 em Ré menor Op. 125*, de Ludwig van Beethoven (1770-1827).

Partitura 1.9 - Trecho da *Sinfonia n. 9* (compasso 213 ao 228)

Fonte: Beethoven, 2022, p. 321.

Agora, veja a variação rítmica que Beethoven faz utilizando a mesma melodia.

Partitura 1.10 - Trecho da *Sinfonia n. 9* (compasso 1 ao 4) - variação por aumento e diminuição dos valores

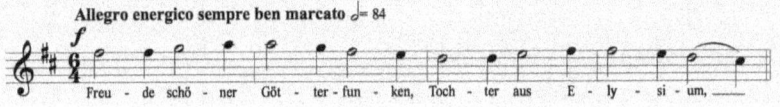

Fonte: Beethoven, 2022, p. 337.

Beethoven alterou o ritmo da melodia dando um caráter de marcha (*alla marcia*), utilizando a variação rítmica por meio de aumento e diminuição de valores. Logo, o ritmo está associado à matemática, à contagem. Entretanto, há outras maneiras de variar o ritmo de uma música. A seguir, observe algumas sugestões do compositor Arnold Schoenberg (1874-1951) para a mudança rítmica.

Partitura 1.11 – Motivo inicial (ideia geradora)

Fonte: Schoenberg, 1991, p. 40.

- **Modificando-se a duração das notas**

Partitura 1.12 – Variação do motivo original: mudança rítmica

Fonte: Schoenberg, 1991, p. 40.

Partitura 1.13 – Variação do motivo original I (mudanças rítmicas)

Fonte: Schoenberg, 1991, p. 40.

Partitura 1.14 – Variação do motivo original II (mudanças rítmicas)

Fonte: Schoenberg, 1991, p. 40.

Partitura 1.15 – Variação do motivo original III (mudanças rítmicas)

Fonte: Schoenberg, 1991, p. 40.

- **Repetindo-se algumas notas**

Partitura 1.16 – Variação do motivo original: aumento da duração e repetição de valores

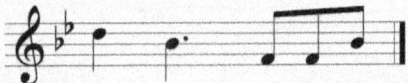

Fonte: Schoenberg, 1991, p. 40.

Partitura 1.17 – Variação do motivo original: aumento da duração e repetição de valores

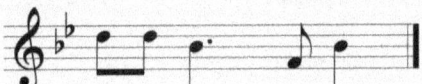

Fonte: Schoenberg, 1991, p. 40.

Partitura 1.18 – Variação do motivo original: diminuição da duração e repetição dos valores

Fonte: Schoenberg, 1991, p. 40.

- **Repetindo-se determinados padrões rítmicos**

Partitura 1.19 – Variação do motivo original I (repetição de padrões rítmicos)

Fonte: Schoenberg, 1991, p. 40.

Partitura 1.20 – Variação do motivo original II (repetição de padrões rítmicos)

Fonte: Schoenberg, 1991, p. 40.

- **Deslocando-se para outros tempos do compasso**

Partitura 1.21 – Variação do motivo original: deslocamento com aumento e diminuição de valores

Fonte: Schoenberg, 1991, p. 41.

Partitura 1.22 – Variação do motivo original: deslocamento com acréscimo de valores

Fonte: Schoenberg, 1991, p. 41.

- **Acrescentando-se contratempos**

Partitura 1.23 – Variação do motivo original I (adição de contratempo e repetição de elementos, com acréscimo e diminuição de valores)

Fonte: Schoenberg, 1991, p. 40.

Partitura 1.24 – Variação do motivo original II (adição de contratempo e repetição de elementos, com acréscimo e diminuição de valores)

Fonte: Schoenberg, 1991, p. 40.

Partitura 1.25 – Variação do motivo original III (adição de contratempo e repetição de elementos, com acréscimo, aumento e diminuição de valores)

Fonte: Schoenberg, 1991, p. 40.

- **Modificando-se o compasso**

Partitura 1.26 – Variação do motivo original I (mudança de compasso, com aumento e diminuição de valores)

Fonte: Schoenberg, 1991, p. 41.

Partitura 1.27 – Variação do motivo original II (mudança de compasso, com acréscimo e diminuição de valores)

Fonte: Schoenberg, 1991, p. 41.

Partitura 1.28 – Variação do motivo original III (mudança de compasso, com acréscimo e diminuição de valores)

Fonte: Schoenberg, 1991, p. 41.

Essas são algumas das possibilidades para se desenvolver uma ideia rítmica inicial, o motivo rítmico. Perceba que, em todas essas variações de um mesmo motivo, há uma referência à ideia geradora. Isso significa que tais motivos têm um "parentesco" entre si; estão ligados de maneira mais ou menos evidente. Isso produz certa unidade entre eles. Conectando-os, é possível criar frases rítmicas interessantes para serem executadas, por exemplo, em um ou mais instrumentos de percussão, sem perder a unidade do todo.

Os motivos rítmicos podem ser conectados de várias maneiras, o que resulta em diferentes perfis de ritmo – e isso pode ser constatado nas melodias. Nos exemplos a seguir, as letras minúsculas designam motivos (Toch, 1989).

Ritmo igual

- Os motivos conectados são todos iguais (aaaa etc.)

Partitura 1.29 – Mozart, *Concerto para violino, KV 219*

Fonte: Toch, 1989, p. 184.

Partitura 1.30 – Beethoven, *Sonata para piano n. 30 em Mi Maior, Op. 109*

Fonte: Toch, 1989, p. 184.

- Os motivos conectados são iguais 2 a 2 (aabb)

Partitura 1.31 – Mozart, *Sonata para piano n. 16 em Dó Maior, KV 545*

Fonte: Toch, 1989, p. 185.

Partitura 1.32 – Mozart, *Die Zauberflöte*, KV 620 ("A flauta mágica")

Fonte: Toch, 1989, p. 185.

Ritmo paralelo

- **Dois motivos (ab)**

Partitura 1.33 – Beethoven, *Quarteto de cordas n. 7 em Fá Maior, Op. 59, n. 1*

Fonte: Toch, 1989, p. 186.

Partitura 1.34 – Beethoven, *Sonata para piano n. 23 "Appassionata", Op. 57*

Fonte: Toch, 1989, p. 186.

- **Mais de dois motivos (abc)**

Partitura 1.35 – Mozart, *Sinfonia n. 40 em Sol menor*, KV 550

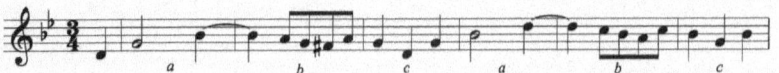

Fonte: Toch, 1989, p. 188.

- **Ritmo invertido (abba)**

Partitura 1.36 – Bach, *O cravo bem temperado vol. 1*, Fuga XV, BWV 860

Fonte: Toch, 1989, p. 189.

Partitura 1.37 – Schubert, *Sinfonia n. 8 em Si menor*, "Inacabada", D. 759

Fonte: Toch, 1989, p. 190.

Certamente, existe a possibilidade de se conceber um ritmo intuitivamente. Não obstante, as técnicas citadas são valiosas para o compositor ampliar – e muito – suas possibilidades criativas. Devemos observar também que, por esta ser uma abordagem introdutória, não é nosso intuito descrever, em sua totalidade, as várias e diferentes técnicas de composição e elaboração rítmica. De qualquer modo, acrescentaremos aqui alguns procedimentos utilizados na música do século XX e em composições contemporâneas, a fim de que você, leitor(a), tenha uma ideia das reflexões dos compositores sobre o tema e da forma como isso aparece em diferentes repertórios musicais.

Um procedimento comum entre os compositores que trabalham com o serialismo é a utilização de **séries**, isto é, uma ordem predefinida que pode ser de altura, ritmo, dinâmica, articulação, registro e timbre. A seguir, veja o exemplo de Cope (1997), que consiste em uma ideia rítmica com base na sequência das figuras mostradas.

Figura 1.1 – Série original

Fonte: Cope, 1997, p. 67.

Alternativamente, pode-se elaborar uma variação dessa ideia, dispondo as figuras de trás para frente.

Figura 1.2 – Série retrogradada

Fonte: Cope, 1997, p. 67.

A disposição inicial é chamada de **série original**. A série resultante da leitura de trás para frente é denominada **série retrogradada** ou **retrógrada**.

Também é possível variar a série de outras maneiras. Uma possibilidade é agrupar três figuras por vez e alternar a disposição entre os grupos, como indicado a seguir.

Figura 1.3 - Série invertida

Fonte: Cope, 1997, p. 67

Nesse caso, a inversão é obtida dividindo-se a série original em quatro grupos de três figuras e trocando-se de lugar o primeiro com o segundo grupo e o terceiro com o quarto grupo.

Ainda, é possível elaborar uma série invertida e retrogradada a partir da série original.

Figura 1.4 - Série invertida e retrogradada

Fonte: Cope, 1997, p. 67.

Nessa alternativa, a disposição das figuras da série invertida é reorganizada no sentido do fim para o início.

Ademais, é válido adotar todos esses procedimentos utilizando-se não só de figuras, mas também de pausas – ou de ambas. Na realidade, há várias possibilidades de variação rítmica. Durante uma música, pode-se alternar fórmulas de compasso. Como exemplo, observe o trecho inicial em redução para piano da "Dança sacrificial", da *Sagração da primavera*, de Igor Stravinsky (1882-1971).

Partitura 1.38 - "Dança sacrificial", da *Sagração da primavera*

Fonte: Fried, 2011, p. 120.

Perceba que a música se desenvolve mediante a alteração de compassos diferentes, isto é, agrupando-se séries de três tempos (3/16), quatro tempos (4/16) e cinco tempos (5/16). No entanto, a figura que representa um tempo de cada compasso se mantém (semicolcheia). Isso, contudo, também pode variar, como no exemplo a seguir.

Partitura 1.39 – Equivalências entre unidades de tempo

Fonte: Cope, 1997, p. 90.

Nesse caso, além da alternância de compassos, ou seja, de agrupamento de séries de dois e cinco tempos (2/4 e 5/8), há a alternância da unidade de tempo (semínima para colcheia e vice-versa), o que é denominado **modulação métrica**. Em tal processo, a mudança de um andamento para outro é feita por meio da equivalência entre figuras que representam a unidade de tempo. Entretanto, apesar de iniciar o trecho em 2/4, com semínima igual a 112 bpm, quando há mudança de compasso para 5/8, o compositor indica a equivalência entre a semínima e a colcheia.

Outra possibilidade é utilizar uma **notação proporcional**.

Partitura 1.40 – Notação proporcional

Fonte: Cope, 1997, p. 94.

Esse exemplo corresponde a um trecho de uma peça para piano. Note que não há figuras. A duração das notas registradas na pauta é proporcional à extensão das linhas ligadas a elas e está relacionada à linha do tempo indicada na figura (imagine que os números 5 e 10 equivalem a 5 e 10 segundos, por exemplo). O uso da notação proporcional propicia maior flexibilidade, pois a métrica da pulsação constante desaparece, assim como os tempos fortes e fracos do compasso. Todavia, segundo Cope (1997), na notação proporcional, é mais difícil indicar com precisão ritmos mais complexos.

Por outro lado, a abordagem métrica mais tradicional (regular) do ritmo não impede que o compositor utilize, simultaneamente e na mesma música, outra mais livre, como ilustra o exemplo a seguir.

Partitura 1.41 – Utilização das métricas tradicional e livre simultaneamente

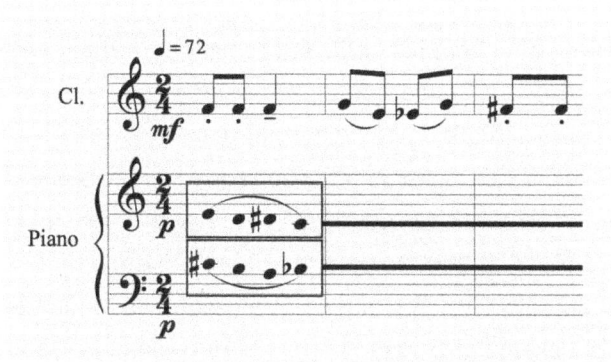

Fonte: Cope, 1997, p. 95.

Esse exemplo mostra o trecho de uma peça para clarinete e piano. Observe que, na parte do clarinete, há um ritmo métrico – uma abordagem do ritmo bastante usual. Já no piano, há um grupo de notas em um retângulo. Isso significa que o ritmo das notas que ali estão deve ser improvisado pelo intérprete (o pianista), respeitando-se o compasso de dois tempos (2/4).

Na música de concerto ocidental de tradição europeia, utilizam-se muitos procedimentos diferentes para a elaboração do ritmo musical. Os que mencionamos aqui representam apenas alguns dos recursos de que o compositor dispõe para elaborar sua música. Há várias possibilidades além das que expusemos. A imaginação do compositor não tem limites.

1.4 Sugestões de usos e repertórios

É fortemente aconselhável utilizar um metrônomo para perceber a diferença entre os andamentos. Por isso, é conveniente para o compositor ter um por perto no momento de compor. Atualmente, há aplicativos gratuitos para *smartphone* que cumprem essa função. É recomendável para o estudante de composição usar andamentos distintos para criar seções contrastantes em uma música, aproveitando também para mudar o compasso (de um binário para um ternário, por exemplo). Isso torna a música interessante e aumenta o contraste entre uma seção e outra. É importante deixar bem claro o momento de mudança de compasso e de andamento. Se o compositor deseja ter precisão na interpretação de sua peça, deve indicar o andamento registrando a unidade de tempo do compasso e sua equivalência em quantidade de bpm (por exemplo: ♩ = 60 bpm ou ♩ = 60).

No início, para desenvolver uma ideia rítmica, o mais indicado é criar um motivo e alterá-lo por meio do aumento, da diminuição, do deslocamento, da adição e da supressão de valores. Ao se fazer isso, criam-se diferentes versões da ideia inicial – que, na realidade, são **variações** –, as quais podem ser conectadas em uma mesma frase rítmica. Isso pode ser feito repetindo-se um padrão (o motivo inicial ou uma mesma variação) ou justapondo-se padrões diferentes. Tal procedimento pode se estender por vários compassos (quatro ou oito, por exemplo). O importante é o compositor aprovar o resultado.

Há vários exemplos na história da música relacionados aos assuntos tratados neste capítulo. É possível encontrar exemplos de desenvolvimento motívico em uma infinidade de obras, visto que, há séculos, essa é uma estratégia de uso muito comum entre compositores. A obra *Clapping Music for Two Performers*, de Steve

Reich (1936-), é um bom exemplo de que, por meio do recurso do deslocamento, o compositor pode se utilizar de uma mesma célula rítmica para obter variação. Nessa música, os músicos, a princípio, executam a mesma célula simultaneamente para, logo depois, deslocar uma em relação à outra, retornando à condição inicial posteriormente.

Repertórios que têm a forma de tema e variações são muito interessantes para se perceberem variações rítmicas. Nesse tipo de obra – também designado como *variações sobre um tema* –, o compositor, com base em um tema dado, elabora diferentes tipos de variações rítmicas, melódicas e harmônicas, entre outras possibilidades. As *12 variações sobre "Ah vous dirai-je, Maman"* K. 265/300e, de Wolfgang Amadeus Mozart (1756-1791), são variações sobre um tema muito conhecido entre nós como *Brilha, brilha, estrelinha*.

Depois de se familiarizar com as técnicas básicas de desenvolvimento rítmico, o estudante de composição pode explorar uma abordagem métrica mais livre. Como nem todo músico está acostumado com esse tipo de abordagem, é interessante adquirir intimidade com o recurso, para orientar o intérprete sobre a execução da música.

Músicas que utilizam o ritmo serializado podem ser encontradas, por exemplo, na obra de Pierre Boulez (1925-2016), que foi um dos importantes representantes do serialismo francês. Já a "Dança sacrificial" da *Sagração da primavera*, música para balé composta por Igor Stravinsky (1882-1971), além de ser um marco na história da música do século XX, constitui um bom exemplo de utilização de variação rítmica com alternância de compassos diferentes. Com relação à modulação métrica, a obra *Eight Pieces for Four Timpani*, de Elliott Carter (1908-2012), explora amplamente essa técnica.

A seguir, no Quadro 1.2, listamos os principais pontos que comentamos ao longo deste capítulo.

Quadro 1.2 – Lista de recursos do compositor

Origem das ideias musicais	Diversas e não necessariamente com origem na música, como sequência de números, poemas e imagens.
Princípio composicional	Repetição, variação e contraste.
Andamento	Lento, moderado e rápido (e suas gradações).
	Indicado por termos italianos (*largo, adagio, andante, moderato, allegro, presto,* entre outros) ou batimentos por minuto (bpm).
	Durante a música e de maneira progressiva: aumentando (*accelerando*) ou diminuindo (*rittardando*).
Para elaborar o ritmo	Básico: aumento, diminuição, deslocamento, adição e supressão de valores (figuras e pausas).
	Conectando motivos: ritmo igual (aaaa, aabb), ritmo paralelo (abab, abcabc, abcdabcd), ritmo invertido (abba).
	Outras possibilidades: serialização de valores, alternância de compassos diferentes, modulação métrica, notação proporcional e mistura de procedimentos (métrica tradicional e métrica livre).

Síntese

Neste capítulo, explicamos que, para compor, não é necessário estar inspirado. As ideias musicais podem derivar de diferentes estímulos, e não somente de uma referência musical. Destacamos que, para estruturar uma composição, é importante considerar a memória musical, isto é, a capacidade de, durante a vigência da música, estabelecer relações identificando as ideias que se repetem, aquelas que sofrem alteração (ou variação de uma ideia anterior) e as que são completamente distintas (contrastantes) das ouvidas anteriormente.

Por meio das reflexões apresentadas e relacionadas à música como uma arte que acontece no tempo, demonstramos que as relações temporais são estruturantes e envolvem questões relacionadas ao ritmo, ao compasso e ao andamento musical. Sobre o andamento, esclarecemos que corresponde à quantidade de pulsos (batidas) constatados em um período e que ele tanto pode ser indicado por termos italianos como por bpm – o que pode trazer maior precisão na execução de uma música.

Na sequência, vimos que, para elaborar o ritmo de uma música, o compositor precisa articular e ordenar as durações dos sons com base em uma proporção, que ele estabelece dividindo a música em séries regulares de tempo, chamados *compassos*. Para exemplificarmos como se elabora o ritmo, descrevemos alguns procedimentos básicos e outros mais avançados e verificados no repertório da música do século XX, todos entendidos como recursos de que o compositor dispõe para elaborar ritmicamente sua composição.

Por fim, apresentamos sugestões de uso dos recursos composicionais e de repertórios relacionados ao assunto tratado no capítulo.

Atividades de autoavaliação

1. A respeito das ideias musicais, é correto afirmar que:
   a) surgem somente quando o compositor está inspirado.
   b) podem ocorrer de várias maneiras, como no caso de surgirem a partir de uma sequência numérica.
   c) surgem sempre a partir de um repertório musical.
   d) não são necessárias para compor.
   e) só são úteis em determinados tipos de composição.

2. Tendo em vista os princípios da repetição, da variação e do contraste, assinale V para as proposições verdadeiras e F para as falsas.
   ( ) O compositor não se utiliza da repetição para a elaboração da música.
   ( ) A música é uma arte do tempo e, por essa razão, a memória não tem um papel fundamental.
   ( ) Quando o que está sendo ouvido é totalmente diferente do que foi ouvido antes, caracteriza-se um momento contrastante em relação ao momento anterior.
   ( ) Pode-se estabelecer uma relação de repetição, variação ou contraste entre um momento e outros que ocorrem em uma música.

   Agora, assinale a alternativa que corresponde à sequência correta de preenchimento dos parênteses, de cima para baixo:

   a) F, F, V, F.
   b) V, V, V, F.
   c) F, V, F, V.
   d) F, F, V, V.
   e) V, F, V, V.

3. Sobre o andamento em música, é correto afirmar que:
   a) o andamento é alterado quando se altera o número de batimentos por minuto.
   b) quando necessita de precisão, o compositor utiliza os termos italianos em vez das batidas por minuto para indicar o andamento.
   c) Não é possível alterar o andamento depois de iniciar a música.
   d) *Rittardando* significa que o andamento está aumentando progressivamente.
   e) *Accelerando* significa que o andamento está diminuindo progressivamente.

4. Considerando o ritmo, assinale V para as proposições verdadeiras e F para as falsas.
   ( ) Quando o compositor articula as durações dos sons e lhes confere uma ordem, podendo, inclusive, destacar uns em detrimento de outros, ele está atribuindo um ritmo à música.
   ( ) Quando o compositor divide a música em séries regulares de tempo, ele está dividindo a música em compassos.
   ( ) Os motivos rítmicos podem ser conectados de várias maneiras, o que resulta em diversos perfis de ritmo.
   ( ) Não é possível conceber um ritmo intuitivamente.

   Agora, assinale a alternativa que corresponde à sequência correta de preenchimento dos parênteses, de cima para baixo:
   a) F, F, V, F.
   b) V, V, V, F.
   c) F, V, F, V.
   d) F, F, V, V.
   e) V, F, V, V.

5. Assinale a alternativa que indica qual procedimento de elaboração rítmica era utilizado antes do século XX:
   a) Serialização rítmica.
   b) Modulação métrica.
   c) Notação proporcional.
   d) Abordagem métrica tradicional simultaneamente com outra mais livre.
   e) Variação motívica.

Atividades de aprendizagem

Questão para reflexão

1. Há muitas composições criadas para apresentações de dança. De que maneira o pulso e o ritmo musical podem interferir na dança?

Atividade aplicada: prática

1. Podemos perceber diferentes ritmos à nossa volta: o ritmo do som da máquina de lavar roupas, do motor de uma moto ou de um carro, da chuva batendo na janela... Preste atenção aos sons que o(a) rodeiam e anote na partitura cinco ritmos diferentes. Depois, designe uma fórmula de compasso para cada um deles.

Capítulo 2
SONS
SUCESSIVOS

Neste capítulo, discorreremos sobre a melodia. Inicialmente, examinaremos a relação entre melodia e escalas, entendendo que estas podem ser utilizadas para a criação e a elaboração daquelas. Em seguida, analisaremos alguns perfis melódicos com relação ao contorno e aos intervalos. Discutiremos algumas possibilidades de elaboração de melodias por meio de variações motívicas e de uma série de alturas/intervalos. Mostraremos que, por meio dessas possibilidades de variação, é possível elaborar frases e períodos – o que pode auxiliar na criação de temas.

Depois, trataremos do tema e variações, utilizando como exemplo as *12 variações sobre "Ah vous dirai-je, Maman"*, de Wolfgang Amadeus Mozart (1756-1791), tendo em vista que essa forma musical pode ser de grande utilidade para conhecer as diferentes possibilidades de variações de um tema. Na sequência, apresentaremos algumas sugestões de uso dos recursos composicionais e de repertórios relacionados ao assunto abordado.

2.1 Melodia

A melodia está associada à altura, aos intervalos (melódicos) e à duração dos sons e silêncios organizados e distribuídos pelo compositor e percebidos no período de vigência da música. No século XX, o conceito de melodia foi ampliado para, por exemplo, a melodia de timbres (*Klangfarbenmelodie*), presente em obras dos compositores Arnold Schoenberg (1874-1951) e Anton Webern (1883-1945). Nesse caso, a melodia é dividida entre diferentes instrumentos com o objetivo de agregar os atributos dos diversos timbres. No entanto, como a abordagem deste livro é introdutória, enfocaremos uma concepção mais tradicional. Assim, podemos afirmar, em um primeiro momento, que, *grosso modo*, uma **melodia** abrange um conjunto de **silêncios** e **sons**, de **alturas** e **durações definidas** e **variadas** que se sucedem no tempo. Logo, ela diz respeito às alturas e durações do som e do silêncio.

As durações foram abordadas no capítulo anterior, quando discorremos sobre o ritmo. Neste capítulo, explicaremos, pois, o aspecto melódico que diz respeito à **altura dos sons**, a qual, em música, é representada pelas **notas musicais**. As relações entre as alturas definidas dos sons de uma melodia são chamadas de **relações intervalares**. Dessa forma, além do ritmo, uma das noções básicas para se compreender a melodia é o intervalo, que possibilita estabelecer a relação entre as alturas definidas pelas notas musicais.

Tratar de notas musicais (com alturas definidas, portanto) significa considerar **frequências**. Quanto maior é a frequência, mais agudo é o som. Atualmente, o parâmetro de frequência comumente utilizado no Ocidente para afinar os instrumentos é o Lá com 440 Hz. Isso significa que esse som gera uma onda sonora que oscila 440 vezes em um segundo. Ao se estabelecer uma relação entre frequências, cria-se uma relação de "distância" entre um som e outro; em música, tal relação é denominada **intervalo**. Por exemplo, considerando-se um som com 880 Hz e um com 440 Hz, há, entre eles, um intervalo que designamos como **oitava justa** (Partitura 2.1).

Partitura 2.1 – Intervalo de oitava justa

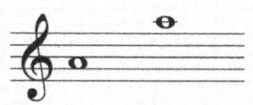

Em outras palavras, podemos dizer que há um intervalo de oitava justa entre um som e outro que tem o dobro de sua frequência.

Como informamos ao longo do capítulo anterior, a matemática está presente na música. Neste capítulo, demonstraremos que a acústica (um ramo da física) também está intrinsecamente ligada ao conhecimento musical, ao tratarmos da série harmônica e de sua relação com melodias e escalas.

2.2 Melodias e escalas

Um aspecto ao qual o compositor deve atentar é que qualquer emissão de som acústico de altura definida gera indefinidamente uma série de sons harmônicos **(série harmônica)** – apesar de nem todos esses sons serem audíveis. De modo geral, os intervalos entre o som gerador e os sons harmônicos da série harmônica são comuns na música do mundo todo. O fato é que os sons gerados pela série harmônica podem ser utilizados nas estruturas de acordes e em linhas melódicas. Assim, é importante relembrar que a relação intervalar entre uma nota e outra corresponde a uma relação entre frequências que aparece na natureza. Como afirma Guest (1996, p. 100, grifo do original),

> Qualquer som de altura definida, seja emitido por um instrumento ou por fonte natural, é resultado de vibração regular. Essa vibração é composta pelo som gerador (a própria nota emitida) e outros sons definidos de intensidade menor e frequência mais aguda, chamados *sons harmônicos*. O som gerador, com os respectivos harmônicos resultantes forma a série harmônica, uma série de notas que guardam entre si uma relação intervalar característica e imutável,

de origem natural ou cósmica. É que cada corpo vibrante, além de vibrar em toda a sua extensão, também vibra em sua metade, em sua terça parte, em sua quarta e quinta partes etc., produzindo sons cada vez mais agudos.

Tais intervalos gerados por um processo físico-acústico resultam em um sistema natural de afinação dos instrumentos e compõem a série harmônica. Esse sistema herdado da natureza prevê alguns intervalos um pouco diferentes daqueles com os quais estamos acostumados hoje em dia. Foi somente com o advento do **temperamento igual**, isto é, com a divisão da oitava em 12 semitons exatamente iguais, que passamos a afinar os instrumentos e estabelecemos as relações intervalares como atualmente se adota na música ocidental. Na Partitura 2.2, a seguir, é possível verificar a diferença entre a frequência dos harmônicos naturais gerados pela nota Dó grave e aqueles obtidos quando se considera o temperamento igual.

Partitura 2.2 – Série harmônica

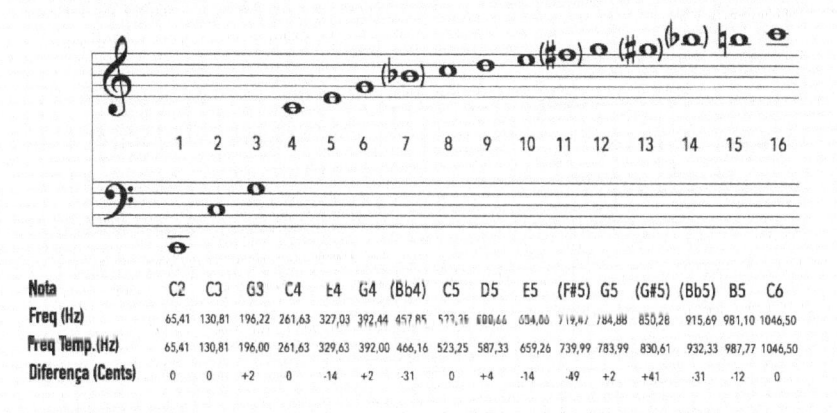

Nota	C2	C3	G3	C4	E4	G4	(Bb4)	C5	D5	E5	(F#5)	G5	(G#5)	(Bb5)	B5	C6
Freq (Hz)	65,41	130,81	196,22	261,63	327,03	392,44	457,85	523,25	588,44	654,06	719,47	784,88	850,28	915,69	981,10	1046,50
Freq Temp.(Hz)	65,41	130,81	196,00	261,63	329,63	392,00	466,16	523,25	587,33	659,26	739,99	783,99	830,61	932,33	987,77	1046,50
Diferença (Cents)	0	0	+2	0	-14	+2	-31	0	+4	-14	-49	+2	+41	-31	-12	0

Fonte: Kon, 2007.

> **Importante!**
>
> Segundo Vasconcelos (2002, p. 40),
>
> O som harmônico de ordem um (n = 1), recebe o nome especial de som fundamental. Neste ponto, o físico difere do músico. O músico chama de primeiro harmônico aquele que o físico chama de segundo, e assim por diante. Isto acontece porque o músico dá um valor todo especial ao som fundamental. O físico, por sua vez, não privilegia este som e chama todos, indistintamente, de sons harmônicos. O problema poderia ser facilmente resolvido se os físicos chamassem o som fundamental de harmônico de ordem zero. Com isso, haveria alguma modificação em suas equações. Estas tornar-se-iam um pouquinho mais complicadas.

Considerando-se a partitura e os primeiros sons harmônicos gerados a partir de um som fundamental (no caso, Dó), é possível identificar os intervalos de oitava e quinta justas como os intervalos entre esses sons harmônicos e o som gerador (Dó). Os intervalos de oitava e quinta justas, portanto, são básicos, e os harmônicos obtidos por meio deles (Dó e Sol, respectivamente) estão intimamente ligados ao som gerador (Dó). Tais intervalos são **consonâncias perfeitas**. É possível considerar estes mesmos intervalos (oitava e quinta justas a partir do mesmo som gerador – Dó), mas no sentido descendente. Com isso, obtêm-se as notas Dó (oitava justa) e Fá (quinta justa).

Partitura 2.3 – Notas obtidas nos sentidos ascendente e descendente, a partir do som gerador

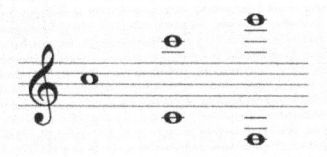

Portanto, em síntese, na Partitura 2.3, Dó, Sol e Fá foram obtidos a partir do som gerador Dó, por meio de intervalos consonantes perfeitos. No entanto, tomando-se Dó, Sol e Fá como sons fundamentais (sons geradores) e considerando-se os primeiros harmônicos superiores que cada um deles gerou, obtém-se o que indica a Partitura 2.4.

Partitura 2.4 – Dó, Sol e Fá como sons geradores dos harmônicos

Ordenando-se sequencialmente esses primeiros harmônicos, obtém-se a **escala natural maior** (no caso, da tonalidade de Dó Maior).

Partitura 2.5 – Escala natural maior: tonalidade de Dó Maior

Tendo em vista esse modelo, pode-se extrair os intervalos que constituem as escalas naturais do modo maior.

Partitura 2.6 – Intervalos das escalas naturais do modo maior

```
        1tom   1 tom          1 tom  1 tom  1 tom
                        1/2 tom                    1/2 tom
        Dó     Ré      Mi     Fá    Sol    Lá    Si    Dó
        └Segunda Maior┘
        └─── Terça Maior ───┘
        └────── Quarta Justa ──────┘
        └───────── Quinta Justa ─────────┘
        └──────────── Sexta Maior ───────────┘
        └─────────────── Sétima Maior ──────────────┘
        └────────────────── Oitava Justa ─────────────────┘
```

Perceba que, se, a partir de cada nota, percorrermos essa mesma sequência de notas dada pela escala maior natural, é possível deduzir as **escalas modais** ou **modos naturais**:

- Jônico: **Dó**, Ré, Mi, Fá, Sol, Lá, Si (escala natural maior);
- Dórico: **Ré**, Mi, Fá, Sol, Lá, Si, Dó;
- Frígio: **Mi**, Fá, Sol, Lá, Si, Dó, Ré;
- Lídio: **Fá**, Sol, Lá, Si, Dó, Ré, Mi;
- Mixolídio: **Sol**, Lá, Si, Dó, Ré, Mi, Fá;
- Eólio: **Lá**, Si, Dó, Ré, Mi, Fá, Sol (escala natural menor);
- Lócrio: **Si**, Dó, Ré, Mi, Fá, Sol, Lá.

Os modos naturais ou **diatônicos** (jônico, dórico, frígio, lídio, mixolídio, eólio e lócrio), aplicados na música modal, são estruturas formadas com sete sons a partir de cada uma das notas da escala natural maior, considerando-se a sequência e os intervalos entre elas. O modo jônico coincide com a **escala maior natural**, e o modo eólio, com a **escala menor natural**.

Tanto os modos quanto as escalas naturais (maiores e menores) representam um conjunto de sequências de sons com uma relação intervalar definida entre eles. Por essa razão, é possível transpor tais modos e escalas para diferentes alturas. Com isso, obtém-se, por exemplo, um modo mixolídio em Dó. Isso significa utilizar a mesma sequência de intervalos do modo mixolídio, mas, em vez de partir da nota Sol, iniciar pela nota Dó. Feito isso, segue-se pelas seis notas seguintes, alterando-as se necessário (com # ou b), de maneira que os intervalos do modo mixolídio sejam mantidos.

Entretanto, estruturas de sons sequenciais com intervalos definidos entre eles podem ser identificadas em diferentes culturas, como as escalas étnicas, ou ser construídas artificialmente. As escalas podem ser úteis aos compositores para criar diferentes e interessantes melodias – além de explorar possibilidades harmônicas diversas daquelas tradicionalmente associadas à escala maior e às três versões da escala menor (natural, harmônica e melódica). Dessa forma, há vários tipos de escalas que podem ser utilizados na composição, conforme apresentamos a seguir.

- **Escala pentatônica (cinco notas)**

Há diferentes versões da escala pentatônica, mas a mais utilizada é a indicada na Partitura 2.7, a seguir.

Partitura 2.7 – Escala pentatônica

- **Escala de tons inteiros (seis notas)**

Partitura 2.8 – Escala de tons inteiros

- **Escala natural maior (sete notas)**

Partitura 2.9 – Escala natural maior

- **Escala natural menor (sete notas)**

Partitura 2.10 – Escala natural menor

- **Escala menor harmônica (sete notas)**

Partitura 2.11 – Escala menor harmônica

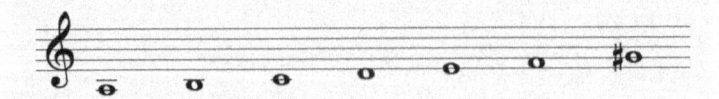

- **Escala menor melódica** (no sentido ascendente, tem uma configuração diferente da observada quando é utilizada no sentido descendente)

Partitura 2.12 – Escala menor melódica

- **Escalas em que se usam somente intervalos de segunda maior e menor (sete notas)**

Partitura 2.13 – Escala com intervalos de segunda maior e menor

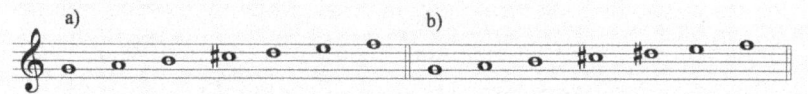

- **Escala octatônica ou diminuta (oito notas)**

Partitura 2.14 – Escala octatônica

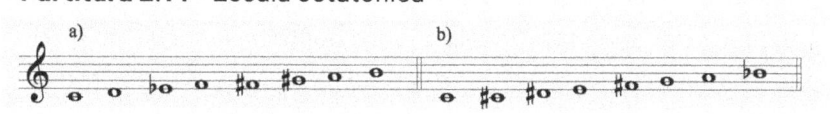

- **Escala cromática (doze notas)**

Partitura 2.15 – Escala cromática

Todas essas escalas podem ser utilizadas na criação e elaboração de melodias. É possível usar todas as notas da escala ou somente algumas delas. Uma maneira de se familiarizar com tais modos e escalas é cantar ou tocar a sequência de notas e depois improvisar alternando-as, mudando a região (oitava acima ou abaixo) e usando ritmos diferentes. Isso estimula a formulação de melodias dentro do contexto sonoro do modo ou da escala escolhida.

No Ocidente, como já mencionamos, é tomado como referência mínima o intervalo de semitom como a menor distância entre duas notas musicais. Uma melodia pode ter diferentes intervalos entre as notas que a compõem ou, então, ser elaborada com base em diversos ritmos. Também há nela um direcionamento, isto é, os sons podem seguir na direção ascendente ou descendente, mudando de direção no decorrer da melodia. Esse movimento ascendente/descendente confere à melodia um **contorno melódico**, ou **linha melódica**, geralmente com um ponto culminante. Para entender melhor isso, considere a forma de um arco; nela, pode-se identificar o início, o fim e, entre esses dois extremos, um ponto culminante, que seria o de maior altura da figura. Em uma melodia, o **ponto culminante** corresponde ao intervalo entre a nota mais grave e a mais aguda. É muito comum localizar esse ponto culminante no terço final da melodia. No entanto, há várias possibilidades de contornos melódicos, conforme analisaremos a seguir.

- **Como uma reta**

Partitura 2.16 – Beethoven, *7ª Sinfonia, Op. 92 em Lá Maior*, redução para piano do 2º movimento, "Allegretto"

Fonte: Toch, 1989, p. 27.

Partitura 2.17 – Tchaikovsky, *Quarteto de cordas n. 3, Op. 30*, 3º movimento

Fonte: Toch, 1989, p. 27.

- **Ascendente (com base em uma escala)**

Partitura 2.18 – Chopin, *Mazurka Op. 33, n. 4 em Si bemol Maior*

Fonte: Toch, 1989, p. 31.

Partitura 2.19 – Beethoven, *Scherzo da Sonata para piano n. 10 em Sol Maior, Op. 14*

Fonte: Toch, 1989, p. 31.

- **Descendente (com base em uma escala)**

Partitura 2.20 – Schoenberg, *Sexteto, Op. 4, Verklärte Nacht*

Fonte: Schönberg, 1994, p. 3.

- **Ondulado**

Partitura 2.21 – Beethoven, *Sonata em Dó Maior, "Waldstein" Op. 53*, segundo tema

Fonte: Toch, 1989, p. 46-47.

Esses são alguns exemplos de contornos melódicos, em uma perspectiva mais tradicional da melodia. O importante é que ela flua de maneira equilibrada. Para isso, os compositores estão sempre atentos aos intervalos utilizados em uma melodia, pois eles influenciam o modo como esta se desenvolve. Conforme Toch (1989), tradicionalmente, com relação aos intervalos, a melodia pode fluir de diferentes modos, conforme destacamos a seguir.

- **Por meio de graus conjuntos**

Partitura 2.22 – Beethoven, *Sinfonia n. 9 em Ré menor, Op. 125*, 4º movimento

Fonte: Beethoven, 2022, p. 321.

- **Por meio de saltos**

Partitura 2.23 – Beethoven, *Sonata para piano em Fá menor, Op. 2, n. 1*

Fonte: Med, 1996, p. 334.

- **Por mistura de graus conjuntos e saltos**

Partitura 2.24 – Beethoven, *Sinfonia n. 6 "Pastoral" em Fá Maior, Op. 68*

Fonte: Med, 1996, p. 334.

Para equilibrar saltos e graus conjuntos em uma melodia, o compositor pode, após uma sequência de graus conjuntos em uma mesma direção, saltar melodicamente na direção contrária do fluxo ou, após um salto, caminhar na direção contrária por meio de graus conjuntos. Acompanhe os exemplos a seguir (Toch, 1989).

- **Salto seguido de movimento por graus conjuntos na direção contrária**

Partitura 2.25 – Beethoven, *Quarteto de cordas n. 3 em Ré Maior, Op. 18, n. 3*

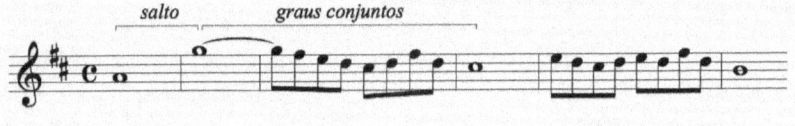

Fonte: Toch, 1989, p. 81.

Partitura 2.26 – Chopin, *Noturno em Mi bemol Maior, Op. 9, n. 2*

Fonte: Toch, 1989, p. 81.

- **Movimento por graus conjuntos seguido de salto na direção contrária**

Partitura 2.27 – Bach, *O cravo bem temperado: Fuga n. 20 em Lá menor, BWV 865*

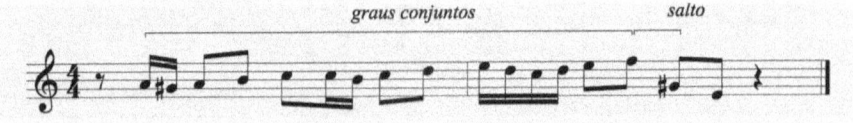

Fonte: Toch, 1989, p. 87.

Partitura 2.28 – Mozart, *Concerto para piano n. 2 em Mi bemol Maior, KV 482*

Fonte: Toch, 1989, p. 87.

O salto seguido por graus conjuntos (e vice-versa) também pode ser utilizado pelo compositor no momento da elaboração para "esticar" a melodia, isto é, dar elasticidade à melodia, quando julgar necessário. A seguir, comentaremos algumas possibilidades de elaboração melódica com base na manipulação de motivos.

2.3 Transformações rítmico--melódicas

No capítulo anterior, tratamos especificamente do aspecto rítmico da música. Neste capítulo, para a elaboração de melodias, consideraremos também o aspecto intervalar, observando a relação entre as alturas das notas que a compõem.

Nas melodias, há uma relação entre alturas (grave/agudo – representada pelas notas musicais), Intervalos (distância entre alturas) e duração (dos sons/silêncios – ritmo), os quais resultam em um contorno melódico (direção) que é revelado com o passar do tempo e de acordo com a configuração melódica criada pelo compositor.

Uma relação entre alturas/intervalos e o ritmo da melodia pode ser observada na Partitura 2.29.

Partitura 2.29 – Melodia: relação entre ritmo, intervalos e alturas

Para criar e elaborar uma melodia, o compositor pode seguir os procedimentos de repetição e variação motívica, levando em consideração a altura das notas, o intervalo entre elas e o ritmo. Há diferentes procedimentos para a realização dessa tarefa. É provável que você conheça, por exemplo, o motivo que Ludwig van Beethoven utilizou para desenvolver o primeiro movimento da 5ª *Sinfonia em Dó menor*, Op. 67.

Partitura 2.30 – Motivo da 5ª *Sinfonia* de Beethoven: 1º movimento

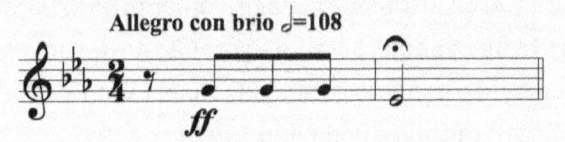

Fonte: Beethoven, 1976, p. 125.

Após a repetição da seção de exposição, Beethoven inicia o desenvolvimento com esse motivo, porém alterando o intervalo, como pode ser visto na Partitura 2.31.

Partitura 2.31 – Variação do motivo da 5ª *Sinfonia* de Beethoven: 1º movimento

(compasso 126)

ff

Fonte: Beethoven, 1976, p. 131.

Essa é uma variação do motivo original. Mas não é só isso! Por meio de repetições e variações, o compositor conseguiu elaborar e unificar todo um movimento de sua sinfonia. Com treino, o estudante de composição pode adquirir essa habilidade para desenvolver motivos. Posteriormente, poderá desenvolver a capacidade de utilizar tais motivos para a construção de melodias.

Como afirmamos, o ritmo faz parte da melodia; portanto, aconselhamos que você, estudante de composição, use os procedimentos descritos no capítulo anterior para elaborar sua ideia melódica – acrescentando alguns relacionados à variação das alturas, dos intervalos e do direcionamento, os quais explicaremos a seguir. Por exemplo, considere a ideia inicial que expusemos no capítulo anterior (Partitura 2.32).

Partitura 2.32 – Motivo gerador

Partindo dessa ideia, você pode propor novos motivos melódicos aplicando as estratégias indicadas a seguir.

- **Transpondo, mas mantendo a relação intervalar entre as notas**

Partitura 2.33 – Variação por meio de transposição

Observe que aqui transpor não implica mudar de tonalidade.

- **Invertendo parcialmente a direção melódica**

Partitura 2.34 – Variação por meio de inversão parcial

- **Invertendo totalmente a direção melódica**

Partitura 2.35 – Variação por meio de inversão total

- **Aumentando a distância entre as notas (intervalos)**

Partitura 2.36 – Variação por meio do aumento da distância entre as notas dos intervalos

- **Diminuindo a distância entre as notas (intervalos)**

Partitura 2.37 – Variação por meio da diminuição da distância entre as notas dos intervalos

Note que a tais possibilidades de variação intervalar somam-se as variações rítmicas expressas no capítulo anterior. Além disso, é possível partir somente de um motivo, considerando-se apenas uma série de alturas para obter variações. Na sequência, apresentamos, como exemplo, um motivo inicial de quatro notas, suas variações e as duas melodias resultantes, propostas por Cope (1997).

Partitura 2.38 – Motivo

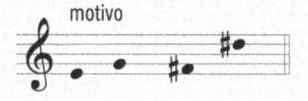

Fonte: Cope, 1997, p. 29.

A seguir, observe algumas variações possíveis de se obter, comparando-as com o motivo inicial.

- **Série retrogradada** (considerando-se a sequência de intervalos do fim para o começo)

Partitura 2.39 – Variação por retrogradação

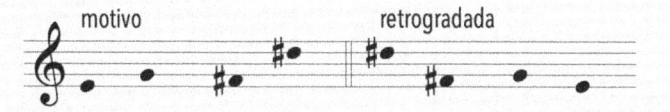

Fonte: Cope, 1997, p. 29.

- **Série invertida** (mantendo-se os intervalos da série original, mas invertendo-se a direção de cada um deles)

Partitura 2.40 – Variação por inversão dos intervalos

Fonte: Cope, 1997, p. 29.

- **Série invertida e retrogradada** (considerando-se a sequência dos intervalos do fim para o começo da série invertida)

Partitura 2.41 – Variação por inversão e retrogradação

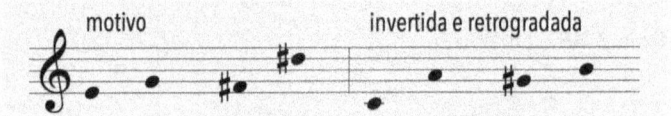

Fonte: Cope, 1997, p. 29.

- **Série com os intervalos diminuídos entre as notas**

Partitura 2.42 – Variação por diminuição intervalar

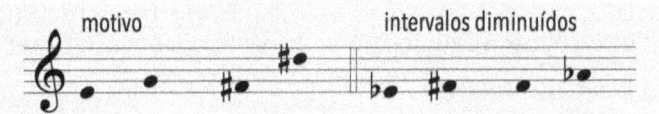

Fonte: Cope, 1997, p. 29.

- **Série com notas omitidas**

Partitura 2.43 – Variação por omissão de notas

Fonte: Cope, 1997, p. 29.

- **Série com nota acrescentada** (começo, meio ou final)

Partitura 2.44 – Variação por acréscimo de notas

Fonte: Cope, 1997, p. 29.

Depois de desenvolver essas variações de alturas e de intervalos, é possível escolher algumas (ou todas) e conectá-las, elaborando-se a melodia com base em uma proposta rítmica. Veja, a seguir, duas melodias formuladas com base nas variações obtidas e originárias da série em questão.

Partitura 2.45 – Linha melódica elaborada com base nas variações apresentadas: exemplo I

Fonte: Cope, 1997, p. 29.

Partitura 2.46 – Linha melódica elaborada com base nas variações apresentadas: exemplo 2

Fonte: Cope, 1997, p. 29.

Como demonstramos até aqui, o motivo é formado por uma sucessão de poucas notas, combinando-se intervalos e mantendo-se um ritmo definido. Além disso, o motivo e suas variantes conferem unidade e coerência interna a uma composição, pois mantêm uma relação entre si.

A **frase musical** tem uma extensão maior que o motivo e se caracteriza como uma melodia propriamente dita. O compositor Arnold Schoenberg (1991, p. 29, grifo do original) afirma que "o termo *frase* significa, do ponto de vista da estrutura, uma unidade aproximada àquilo que se pode cantar em um só fôlego [...]. Seu final sugere uma forma de pontuação, tal como uma vírgula".

Para elucidarmos esse conceito, podemos recorrer a uma analogia entre a frase musical e aquela gramatical, formulada quando construímos um texto. O motivo seria a palavra; logo, se na língua as frases são construídas com palavras, as frases musicais são formadas por motivos. Como exemplo, apresentamos, a seguir, o motivo no contexto de uma frase musical e as elaborações propostas por Schoenberg (1991, p. 44-46).

Partitura 2.47 – Frase

Fonte: Schoenberg, 1991, p. 45.

Agora, veja como é elaborada uma frase de dois compassos, considerando-se as opções de variação rítmica e intervalar sugeridas por Schoenberg.

Partitura 2.48 – Opções de frases com variações motívicas

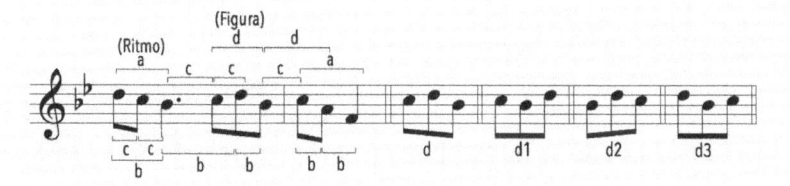

Fonte: Schoenberg, 1991, p. 45.

Além dessa, há outras possibilidades de elaboração da mesma frase, indicadas na sequência.

- **Adicionando-se notas auxiliares**

Partitura 2.49 – Elaboração da frase com notas auxiliares

Fonte: Schoenberg, 1991, p. 45.

- **Preservando-se o ritmo e alterando-se direções e intervalos**

Partitura 2.50 – Elaboração da frase com a alteração de direções e intervalos

Fonte: Schoenberg, 1991, p. 45.

- **Combinando-se acréscimo de notas com mudanças rítmicas, intervalares e de direção**

Partitura 2.51 – Elaboração da frase mediante a combinação de acréscimo de notas com mudanças rítmicas, intervalares e melódicas

Fonte: Schoenberg, 1991, p. 45.

- **Variações com deslocamentos rítmicos e rearranjo de elementos**

Partitura 2.52 – Elaboração da frase por meio de deslocamentos rítmicos e rearranjo de elementos

Fonte: Schoenberg, 1991, p. 46.

Tradicionalmente, e para efeito de estudos, consideremos que cada frase musical é composta geralmente de dois, quatro, seis ou oito compassos. Duas frases musicais formam um **período** ou **sentença**. Esse tipo de estruturação do período pode ser encontrado no repertório clássico, mas não é algo inflexível – principalmente quando avançamos para épocas mais recentes da história da música. De todo modo, pode auxiliar no treinamento de construção de períodos. Nesse tipo de abordagem construtiva da melodia, o período é formado por duas frases: a antecedente e a consequente, sendo esta um tipo de desenvolvimento daquela.

Na **frase antecedente**, pode-se apresentar o motivo ou uma ideia inicial e, em seguida, repeti-la, variando o ritmo ou transpondo-a. Já na **frase consequente**, o objetivo é desenvolver a frase antecedente. Também é possível dividir a frase consequente em duas partes: na primeira, apresenta-se a proposta de desenvolvimento do antecedente com repetição (que pode ser variada); na segunda, faz-se o desenvolvimento da primeira parte. Para marcar o final de uma frase, o compositor pode inserir uma pausa ou cortar repentinamente a melodia (cesura). Geralmente, nos finais de frase, o ritmo é diferenciado de forma "a estabelecer uma pontuação" (Schoenberg, 1991, p. 30).

Observe, na Partitura 2.53, a síntese de uma possível estrutura das frases antecedente e consequente de um período temático.

Partitura 2.53 – Esquema de elaboração de frase antecedente e consequente

antecedente				consequente			
1	2	3	4	5	6	7	8
apresentação		repetição da apresentação ou repetição com elemento variante		desenvolvimento 1a. parte (apresentação)		desenvolvimento do material da 1a. parte	

Fonte: Tragtenberg, 1994, p. 77.

É claro que, em música, as coisas não são tão engessadas assim. O importante é compreender que tais frases estão ligadas entre si, sendo a consequente o desenvolvimento da frase antecedente.

Como exemplo, observe, na Partitura 2.54, as frases que formam a antecedente e a consequente do período em uma peça de Mozart (Tragtenberg, 1994).

Partitura 2.54 – Mozart, melodia da *Sonata para piano n. 11 em Lá Maior, KV331*

Fonte: Tragtenberg, 1994, p. 78.

No próximo exemplo, note os materiais *a'* e *b'* desenvolvidos a partir de *a* e *b*.

Partitura 2.55 – Mozart, melodia da *Sonata para violino e piano em Ré Maior n. 14, KV29*

Fonte: Tragtenberg, 1994, p. 78.

É importante mencionar que as frases podem ter diferentes tamanhos, os quais são influenciados pelo tempo e pelo andamento, conforme pode ser observado nos exemplos que reproduzimos a seguir.

Partitura 2.56 – Mozart, *Sinfonia n. 40 em Sol menor, KV550*, 3º movimento

Fonte: Schoenberg, 1991, p. 32.

Partitura 2.57 – Beethoven, *Sinfonia n. 3 em Mi bemol Maior "Eroica" Op. 55, Scherzo*

Fonte: Schoenberg, 1991, p. 32.

Apresentamos até aqui alguns dos procedimentos mais tradicionais na elaboração de melodias. Cada compositor encontra a melhor maneira de lidar com as ferramentas que conhece para desenvolver sua criação. No entanto, variação, repetição e contraste permanecem como princípios norteadores importantes para a confecção de composições, independentemente da bagagem do compositor. Não é por acaso que as diferentes variações utilizadas por esses profissionais da música para a elaboração de melodias despertaram interesse e deram origem à forma musical *variação* ou *tema e variações*, que abordaremos na próxima seção.

2.4 Tema e variações

Um **tema** é uma melodia que pode conter um ou mais motivos. Por isso, consiste em uma ideia musical completa e mais complexa quando comparada com o motivo, por exemplo. Para efeito de estudos, consideremos que o tema é estruturado na forma de um **período** ou de uma **sentença**. Nesse ponto, vale fazer uma ressalva: segundo Schoenberg (1991, p. 50), "apenas uma pequena porcentagem de todos os temas clássicos pode ser classificada como período, e os compositores românticos ainda fizeram menos uso de tais estruturas. Entretanto, a prática de exercitar períodos é um caminho conveniente para adquirir familiaridade com muitos problemas técnicos".

No tema está contido o material a ser desenvolvido na composição. Isso quando consideramos composições temáticas, muito comuns nos períodos barroco, clássico e romântico; já no século XX, constatamos, além da estruturação temática, outras formas de elaboração composicional.

A variação, ou tema e variações, é a forma musical por meio da qual o compositor constrói um tema e elabora variações sobre ele ou, mais especificamente, sobre o material musical apresentado pelo tema. A ideia é expor um mesmo tema com diferentes abordagens melódicas, rítmicas e harmônicas. Um bom exemplo são as *12 variações sobre "Ah vous dirai-je, Maman", K. 265/300e*, de Mozart. O tema é conhecido por nós como *Brilha, brilha, estrelinha*. Observe o exemplo a seguir (as setas indicam as notas presentes no tema original).

Partitura 2.58 – Tema de "*Ah vous dirai-je, Maman*"

Fonte: Mozart, 2022, p. 36.

Na primeira variação, por exemplo, Mozart insere as notas do tema entre semicolcheias, por meio de graus conjuntos e saltos melódicos.

Partitura 2.59 – Primeira variação do tema de "*Ah vous dirai-je, Maman*"

Fonte: Mozart, 2022, p. 36.

Na segunda variação, a mão esquerda assume as semicolcheias, e a mão direita executa o tema em semínimas.

Partitura 2.60 – Segunda variação do tema de *"Ah vous dirai-je, Maman"*

Fonte: Mozart, 2022, p. 37.

Na terceira variação, em vez de semicolcheias, Mozart utiliza quiálteras (tercinas).

Partitura 2.61 – Terceira variação do tema de *"Ah vous dirai-je, Maman"*

Fonte: Mozart, 2022, p. 37-38.

Na quarta variação, a mão esquerda assume as quiálteras, e o tema é exposto na mão direita, na forma de acordes.

Partitura 2.62 – Quarta variação do tema de *"Ah vous dirai-je, Maman"*

Fonte: Mozart, 2022, p. 38.

Na quinta variação, Mozart faz a mudança de ritmo, inserindo pausas de colcheia.

Partitura 2.63 – Quinta variação do tema de *"Ah vous dirai-je, Maman"*

Fonte: Mozart, 2022, p. 38-39.

Na sexta variação, o tema é exposto na mão direita na forma de acordes entre pausas de colcheias, e a mão esquerda retoma o trabalho com as semicolcheias.

Partitura 2.64 – Sexta variação do tema de *"Ah vous dirai-je, Maman"*

Fonte: Mozart, 2022, p. 39.

Na sétima variação, é a harmonia que remete ao tema.

Partitura 2.65 – Sétima variação do tema de *"Ah vous dirai-je, Maman"*

Fonte: Mozart, 2022, p. 40.

Na oitava variação, o compositor alemão muda para o modo menor, e o tema na mão direita é imitado na mão esquerda, uma quinta abaixo a partir do terceiro compasso.

Partitura 2.66 – Oitava variação do tema de *"Ah vous dirai-je, Maman"*

Fonte: Mozart, 2022, p. 40.

Na nona variação, Mozart retorna para o modo maior, utilizando-se novamente do recurso da imitação. No final, o compositor inverte o tema.

Partitura 2.67 – Nona variação do tema de *"Ah vous dirai-je, Maman"*

Fonte: Mozart, 2022, p. 41.

Na décima variação, o tema é executado na mão esquerda, cruzando sobre a direita.

Partitura 2.68 – Décima variação do tema de *"Ah vous dirai-je, Maman"*

Fonte: Mozart, 2022, p. 41.

Na décima primeira variação, o compositor muda o andamento (para adágio – mais lento), ornamenta o tema e utiliza também a imitação.

Partitura 2.69 – Décima primeira variação do tema de "*Ah vous dirai-je, Maman*"

Fonte: Mozart, 2022, p. 42.

Na décima segunda e última variação, Mozart muda o andamento (para *allegro* – mais rápido) e o compasso (passando de dois para três tempos por compasso).

Partitura 2.70 – Décima segunda variação do tema de "*Ah vous dirai-je, Maman*"

Fonte: Mozart, 2022, p. 42-43.

Há vários compositores que trabalharam com o tema e variações. Portanto, há um repertório imenso e diversificado que pode transformar-se em um material muito rico para conhecer as diferentes possibilidades de variar um tema.

2.5 Sugestões de usos e repertórios

Há vários procedimentos que podem ser adotados pelo compositor para desenvolver uma melodia. O mais importante talvez seja a criação e a elaboração de diferentes motivos, pois isso auxilia o futuro compositor no aprimoramento da capacidade de estabelecer variações intervalares e rítmicas, com base em uma mesma origem. Mediante a repetição e a variação de motivos, torna-se possível formular uma ideia simples, mantendo-se a unidade de uma composição.

Nessa ótica, sugerimos a você, leitor(a), elaborar muitas variações de um mesmo motivo, assegurando alguma afinidade com o original. Contudo, você pode obter variações muito próximas ou muito distantes do motivo concebido inicialmente. A percepção dessa "gradação" entre o "igual" e o "totalmente diferente" vai treiná-lo(a) para intuir quando deverá repetir a ideia inicial (mesmo que levemente variada), com o objetivo de que o ouvinte não perca a referência inicial, isto é, a ideia musical a partir da qual se desenvolve a composição.

Durante a elaboração de uma composição, uma ideia musical totalmente diferente da inicial, isto é, uma ideia contrastante (um motivo, uma frase ou um tema), pode ser considerada um novo material a ser elaborado (desenvolvido). Nesse sentido, Schoenberg (1991) alerta para o fato de que a variedade não deve comprometer a lógica nem a compreensibilidade de uma ideia musical. Isso não se aplica somente à variedade. Segundo o compositor, a rapidez com que se apresenta a ideia musical também pode comprometer a compreensão dela. Por isso, em obras com andamento rápido, o grau de variedade deve ser menor do que naquelas com andamento lento.

Todos os procedimentos aqui mencionados são muito eficazes para o treinamento do desenvolvimento melódico. Aspectos como o equilíbrio entre saltos e movimento por grau conjunto e o direcionamento ascendente/descendente que leva até o ponto culminante (clímax) da melodia também podem auxiliar na avaliação e nos ajustes da melodia. Porém, há muitas melodias na música popular (ou de tradição oral) que foram concebidas de forma intuitiva e que fluem maravilhosamente bem. Talvez este seja o critério final de avaliação, porque engloba todos os outros aspectos: a fluência. Uma melodia que desperta interesse por si só (sem acompanhamento harmônico) e que flui naturalmente, sem travas, é um sinal de que o trabalho de criação e elaboração foi bem-sucedido.

Há um repertório imenso de obras em que se constata a elaboração melódica realizada pelos compositores. Como demonstramos neste capítulo, o primeiro movimento da 5ª *Sinfonia em Dó menor*, de Beethoven, é um exemplo de tratamento motívico. No primeiro movimento da *Sonata para piano n. 11 em Lá Maior*, de Mozart, podemos perceber os motivos, as frases (antecedente e consequente) que formam o período (tema) e o desenvolvimento que o compositor efetuou com base nesse material. Nas *Variações sobre um tema popular brasileiro*, o compositor Alexandre Levy (1864-1892) utiliza o tema da canção *Cai, cai, balão* para elaborar suas variações. *Variações sobre um tema de Paganini, Op. 35*, de Johannes Brahms (1833-1897), é uma obra muito conhecida – até mesmo por sua dificuldade técnica de execução no piano. A obra *Variações Goldberg*, de Johann Sebastian Bach (1685-1750), também é uma referência importante nesse tipo de estruturação musical; aliás, a ária dessa obra foi utilizada como trilha musical em vários filmes, entre eles *O silêncio dos inocentes* (1991), de Jonathan Demme, *O paciente inglês* (1996), de Anthony Minghella, e *Hannibal* (2001), de Ridley Scott.

A seguir, no Quadro 2.1, listamos os recursos de que você dispõe para elaborar uma composição musical considerando os conteúdos abordados neste capítulo.

Quadro 2.1 – Lista de recursos do compositor

Modos naturais (escalas modais)	Jônico (escala natural maior)
	Dórico
	Frígio
	Lídio
	Mixolídio
	Eólio (escala natural menor)
	Lócrio
Escalas (exemplos)	Pentatônica
	De tons inteiros
	Natural maior
	Natural menor
	Menor harmônica
	Menor melódica
	Com intervalos de segunda maior e menor
	Octatônica ou diminuta
	Cromática
Melodia	Contorno: reto, ascendente, descendente, ondulado.
	Desenvolvimento da melodia: por graus conjuntos, saltos, mistura de graus conjuntos e saltos.
	Para maior elasticidade, com equilíbrio: desenvolver por graus conjuntos em uma mesma direção, com salto melódico na direção contrária; saltar em uma direção, seguindo por graus conjuntos na direção contrária.
	Elaboração por meio de variações motívicas: transposição, inversão da direção, aumento e diminuição da distância entre os intervalos.
	Elaboração por meio de variações de uma série de alturas/intervalos: retrogradação, inversão, retrogradação da inversão, intervalos diminuídos entre as notas, notas omitidas e/ou acrescentadas.

(continua)

(Quadro 2.1 -conclusão)

Melodia	Frase musical: tradicionalmente formada por dois, quatro, seis ou oito compassos.
	Elaboração de uma frase musical: adicionando-se notas; preservando-se o ritmo e alterando-se direções e intervalos; combinando-se acréscimo de notas com mudanças rítmicas, intervalares e de direção; variações com deslocamentos rítmicos e rearranjo de elementos.
	Período, ou sentença: formado por duas frases – antecedente e consequente –, sendo a consequente o desenvolvimento da antecedente.
	Tema: tradicionalmente estruturado na forma de um período ou de uma sentença.
	Variação, ou tema e variações: exposição e reexposição de um mesmo tema com diferentes abordagens melódicas, rítmicas e harmônicas.

Síntese

Neste capítulo, explicamos que, *grosso modo*, a melodia abrange um conjunto de silêncios e sons de alturas e durações definidas e variadas que se sucedem no tempo. Destacamos que as escalas são estruturas de sons sequenciais com intervalos definidos entre eles e que podem ser utilizadas para criar diferentes melodias. Em razão disso, apresentamos os modos naturais e diversos tipos de escalas como estratégias que podem ser empregadas pelo compositor.

Ainda, citamos diferentes perfis de melodia, considerando o direcionamento que os sons podem seguir, isto é, seu contorno melódico (ou linha melódica) e a maneira como pode se desenvolver: por graus conjuntos, por saltos ou por uma combinação dos dois – enfatizando que estes podem ser utilizados para obter equilíbrio e propiciar elasticidade à melodia. Discorremos, também, sobre a possibilidade de elaboração de melodias por meio da variação motívica e de série de alturas.

Mediante as reflexões referentes à elaboração melódica, vimos que o período pode ser constituído por duas frases melódicas que funcionam como antecedente e consequente do período. Com base nessas definições, mostramos que, tradicionalmente, o período estrutura o tema, o qual também pode sofrer variações, como na forma musical *tema e variações*. Como exemplo, analisamos as *12 variações sobre "Ah vous dirai-je, Maman"*, de Mozart.

Por fim, tratamos da utilização dos procedimentos para a elaboração de melodias, sugerindo algumas músicas para apreciação e apresentando uma lista dos recursos do compositor com base no que foi exposto neste capítulo.

Atividades de autoavaliação

1. A respeito da melodia, podemos afirmar que abrange um conjunto de:
    a) sons de alturas iguais e durações definidas que se sucedem no tempo.
    b) silêncios e sons de alturas iguais e durações definidas e variadas que se sucedem no tempo.
    c) silêncios e sons de alturas e durações definidas e variadas que se sucedem no tempo.
    d) silêncios e sons simultâneos de alturas e durações iguais que se sucedem no tempo.
    e) três sons simultâneos de alturas e durações variadas que se sucedem no tempo.

2. Sobre a série harmônica, assinale V para as proposições verdadeiras e F para as falsas.
   ( ) Pode-se associar o som de uma nota musical a determinada frequência.
   ( ) Entre o Lá com frequência de 440 Hz e o Lá com 880 Hz, há um intervalo de quinta justa.
   ( ) Um som de altura definida emitido por fonte natural ou por instrumento musical acústico gera sons harmônicos mais agudos e de menor intensidade.
   ( ) Os primeiros harmônicos obtidos por um som gerador são de oitava e quinta justas.

   Agora, assinale a alternativa que corresponde à sequência correta de preenchimento dos parênteses, de cima para baixo:
   a) F, F, V, F.
   b) V, V, V, F.
   c) F, V, F, V.
   d) F, F, V, V.
   e) V, F, V, V.

3. A respeito das escalas e dos modos naturais, é correto afirmar que:
   a) os modos naturais são estruturas formadas com sete sons a partir de cada uma das notas da escala natural maior, considerando-se a sequência e os intervalos entre elas.
   b) os modos e as escalas naturais (maiores e menores) são um conjunto de sequências de sons que não têm uma relação intervalar definida entre eles.

c) os modos naturais não podem ser transpostos para diferentes alturas, somente as escalas.

d) as estruturas de sons sequenciais, com intervalos definidos entre eles, só podem ser verificadas na música de tradição europeia ocidental.

e) quando se utiliza a mesma sequência de intervalos do modo mixolídio, mas, em vez de partir da nota Sol, se parte da nota Dó, constitui-se o modo mixolídio jônico.

4. No que respeita à configuração melódica, assinale V para as proposições verdadeiras e F para as falsas.
( ) Com relação aos intervalos, a melodia pode fluir por meio de graus conjuntos e de saltos.
( ) O ponto culminante de uma melodia está relacionado ao intervalo entre as duas notas mais agudas.
( ) Os saltos seguidos por graus conjuntos (e vice-versa) podem ser utilizados para dar elasticidade à melodia.
( ) Há várias possibilidades de contornos melódicos, os quais podem ser semelhantes a uma reta, que se desenvolve de forma ascendente ou descendente, ou ser semelhantes a uma linha ondulada.

Agora, assinale a alternativa que corresponde à sequência correta de preenchimento dos parênteses, de cima para baixo:

a) F, F, V, F.
b) V, V, V, F.
c) F, V, F, V.
d) F, F, V, V.
e) V, F, V, V.

5. A respeito da elaboração motívica, é correto afirmar que:
   a) o motivo é formado por uma sucessão de muitas notas, combinando intervalos e com um ritmo definido. O motivo também é designado como *período*.
   b) a frase musical tem uma extensão menor do que a do motivo e, por essa razão, não se caracteriza como uma melodia propriamente dita.
   c) o período musical é constituído por temas, os quais podem ser formados por meio da elaboração motívica.
   d) a forma que o compositor utiliza quando constrói um tema e elabora variações sobre o material musical apresentado pelo tema é chamada de *tema e variações*.
   e) não é possível desenvolver uma ideia simples por meio da repetição e da variação motívica sem perder a unidade de uma composição.

Atividades de aprendizagem

Questão para reflexão

1. A repetição motívica em demasia pode gerar monotonia; por outro lado, a variação excessiva pode acarretar um grande distanciamento do motivo original, sugerindo ao ouvinte uma ideia nova ou contrastante. Nesse sentido, qual é a medida da utilização da repetição e da variação para a geração de motivos?

Atividade aplicada: prática

1. Crie uma melodia a partir de uma escala. Inicialmente, defina a escala ou o modo que você utilizará. Depois, verificando um metrônomo, escolha um andamento, um pulso inicial. Cante ou toque em seu instrumento o conjunto de notas da escala escolhida adaptando-o ao pulso, isto é, ao andamento escolhido. Estabeleça uma fórmula de compasso binário ou ternário. Em seguida, comece a improvisar com ritmo, omitindo algumas notas, repetindo outras (não mais que uma vez) e mudando a sequência de notas – nesse caso, não use mais do que três notas na mesma direção (ascendente ou descendente). Faça isso de forma que entre a nota mais grave e a mais aguda não se ultrapasse o intervalo de uma décima. Tenha em mente o objetivo de elaborar um material mínimo (ideia melódica) para começar a trabalhar. Na sequência, desenvolva essa ideia melódica alterando o ritmo, os intervalos e/ou a direção. Crie três melodias de, ao menos, oito compassos.

Capítulo 3
SONS
SIMULTÂNEOS

Neste capítulo, abordaremos o conceito de harmonia e suas relações com a melodia. Inicialmente, trataremos dos acordes em seu aspecto funcional, bem como das progressões, incluindo as cadências, pois esse conhecimento pode ser utilizado para a criação e elaboração de melodias. Depois, apresentaremos a relação entre a harmonia e a melodia.

Em seguida, enfocaremos as notas da melodia que têm origem nos acordes e as que lhes são estranhas e analisaremos a possibilidade de criar melodias a partir de uma progressão de acordes. Na sequência, discutiremos a harmonização de uma melodia dada – entendendo-a como melodia acompanhada –, além de algumas possibilidades de substituição de acordes. Também explicaremos como compor contracantos ativos e passivos e melodias em bloco, a duas e três vozes. Por fim, listaremos algumas sugestões de uso dos recursos composicionais e de repertórios relacionados ao assunto tratado.

3.1 Acordes

Grosso modo, um acorde é um conjunto de três ou mais sons/notas musicais executados simultaneamente. Como afirmamos anteriormente, quando emitimos um som acústico, há outros sons (**harmônicos**) que soam concomitantemente em menor intensidade e que têm relação intervalar com o som que os gerou – o **som gerador ou fundamental**. Da mesma forma, a relação entre a nota fundamental e as outras notas de um acorde reside nos intervalos entre a fundamental e os harmônicos gerados a partir dela. O compositor deve levar em consideração esse fato, pois, a depender da relação intervalar estabelecida entre as notas e a fundamental do acorde, obtêm-se resultados sonoros diferentes.

Estudar os **intervalos harmônicos** remete quase imediatamente à ideia de **consonância** e **dissonância**. Por óbvio, é preciso sopesar o aspecto cultural, pois aqui estamos falando de música ocidental de tradição europeia. No entanto, a possibilidade de classificar o intervalo harmônico em consonante ou dissonante permite otimizar seu uso, de acordo com o resultado que o compositor deseja obter. Nessa ótica, para o compositor Arnold Schoenberg (2001), apesar de essas expressões serem inadequadas, devemos utilizá-las. Assim, o autor define

> consonância como as relações mais próximas e simples com o som fundamental, e dissonância como as relações mais afastadas e complexas. As consonâncias originam-se nos primeiros harmônicos e são tão mais perfeitas quanto mais próximas estiverem do som fundamental. Ou seja: quanto mais próximas estiverem desse som fundamental, mais fácil será para o ouvido reconhecer sua afinidade com ele, situá-las no complexo sonoro e determinar sua relação com o som fundamental enquanto harmonia "repousante", que não requer resolução. (Schoenberg, 2001, p. 59-60)

Observe, no Quadro 3.1, os intervalos harmônicos e suas classificações.

Quadro 3.1 – Intervalos e suas classificações

Intervalos		Classificação	
Uníssono	–	consonância	perfeita ou justa
2ª	maior	dissonância	leve
	menor	dissonância	acentuada
3ª	maior ou menor	consonância	imperfeita
4ª	justa	consonância	perfeita ou justa
	aumentada	ambíguo	
5ª	justa	consonância	perfeita ou justa
	diminuta	ambíguo	
6ª	maior ou menor	consonância	imperfeita
7ª	maior	dissonância	acentuada
	menor	dissonância	leve
8ª	justa	consonância	perfeita ou justa

Tais relações de consonância e dissonância norteiam o trabalho do compositor na abordagem tonal de sons simultâneos, na medida em que dois ou mais sons de altura definida podem ter maior ou menor afinidade entre si, isto é, quanto mais próximos ou distantes, respectivamente, estiverem do som considerado fundamental do acorde. Na música tonal e considerando-se a série harmônica, constata-se a utilização dos intervalos mais próximos e mais distantes do som gerador. No caso de um acorde, é possível verificar o intervalo existente entre a nota fundamental e as notas básicas, notas características, e as notas de tensão do acorde (conforme analisaremos mais adiante).

Confira, no Quadro 3.2, alguns intervalos que podem ocorrer entre uma nota do acorde e sua fundamental e a forma de notá-los.

Quadro 3.2 – Notação de intervalos

Intervalo	Categoria	Abreviação	Representação
2ª	maior	M	2
	menor	m	b2
3ª	maior	M	3
	menor	m	b3
4ª	justa	J	4
	aumentada	aum	#4
5ª	justa	J	5
	diminuta	dim	b5
6ª	maior	M	6
	menor	m	b6
7ª	maior	M	7
	menor	m	b7
	diminuta	dim	bb7
9ª	maior	M	9
	menor	m	b9
	aumentada	aum	#9
11ª	justa	J	11
	diminuta	dim	b11
	aumentada	aum	#11
13ª	maior	M	13
	menor	m	b13
	aumentada	aum	#13

Conforme comentamos no capítulo anterior, quando um som acústico é executado, os primeiros harmônicos a serem gerados são aqueles que formam intervalos de oitava e quinta justas com o som gerador. Isso significa que são intervalos óbvios e intimamente ligados ao som que os gerou. É como se um som já contivesse em si tais intervalos. O primeiro intervalo que revela uma relação que não seja o próprio som (mesmo que uma oitava acima) é o intervalo de quinta justa, o qual está enraizado na música tonal. A quinta justa, por exemplo, está no **ciclo das quintas**, que o compositor pode utilizar para harmonizar melodias, estruturar acordes e efetuar mudanças de tonalidade. O intervalo de quinta justa também está relacionado à ideia de aproximação e afastamento de uma nota/som que se torna referência para a tonalidade (**centro tonal**) – um princípio básico que norteia a composição de músicas tonais.

Na música tonal, portanto, há uma relação de distanciamento e proximidade, algo que se assemelha a uma sensação de repouso ou de retorno. Esse jogo de aproximação e afastamento de uma situação de estabilidade, incluindo as modulações para outros centros tonais, é o que torna interessante esse tipo de abordagem musical. Isso se associa a um intervalo de quinta justa ascendente (dominante) e descendente (subdominante) em relação ao centro tonal (tônica). Observe o exemplo na tonalidade de Dó Maior (Quadro 3.3).

Quadro 3.3 – Relação da quinta justa com o afastamento e a aproximação do centro tonal

Afastamento	Repouso	Aproximação
5ª descendente	centro tonal	5ª ascendente
subdominante	tônica	dominante
Fá	Dó	Sol

Assim, na música tonal, o cerne musical são as relações estabelecidas entre essas diferentes situações. Contudo, a referência tonal está intimamente ligada às escalas. É possível conceber acordes sobre tais notas que estão em oposição de quintas em relação ao centro tonal utilizando as notas da própria escala e sobrepondo-as com intervalos de terças, formando estruturas de acordes de três (**tríades**) e quatro sons (**tétrades**); um exemplo é a escala de Dó Maior (Quadro 3.4). Cabe esclarecer que há acordes formados por sobreposição de quartas, segundas etc., mas aqui trataremos somente dos aspectos ligados à harmonia tradicional.

Quadro 3.4 – Acordes em oposição de quintas em relação ao centro tonal

	Afastamento	Repouso	Aproximação
Intervalos	quinta descendente	centro tonal	quinta ascendente
Funções	subdominante	tônica	dominante
Tríades	**Fá**-Lá-Dó	**Dó**-Mi-Sol	**Sol**-Si-Ré
Tétrades	**Fá**-Lá-Dó-Mi	**Dó**-Mi-Sol-Si	**Sol**-Si-Ré-Fá

Perceba que esses acordes contêm todas as notas da escala de Dó Maior (Dó, Ré, Mi, Fá, Sol, Lá, Si). Também é possível sobrepor terças usando essas mesmas notas e tendo como fundamental as outras notas da escala, conforme exposto no Quadro 3.5.

Quadro 3.5 – Acordes sobre outras notas da escala

Tríades	Ré-Fá-Lá	Lá-Dó-Mi	Mi-Sol-Si	Si-Ré-Fá
Tétrades	Ré-Fá-Lá-Dó	Lá-Dó-Mi-Sol	Mi-Sol-Si-Ré	Si-Ré-Fá-Lá

Em termos tonais, cada nota da escala representa um grau da tonalidade e tem uma designação específica, conforme mostrado na Partitura 3.1.

Partitura 3.1 – Graus da tonalidade maior

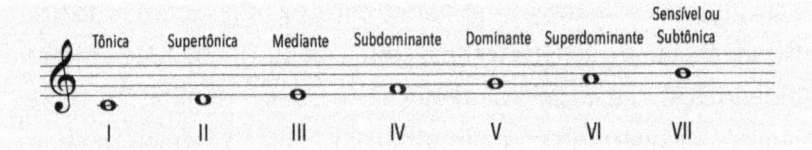

Tônica	Supertônica	Mediante	Subdominante	Dominante	Superdominante	Sensível ou Subtônica
I	II	III	IV	V	VI	VII

Essa relação de afastamento (subdominante – grau IV), aproximação (dominante – grau V) e repouso (tônica – grau I) é tão importante que determina como designar os graus da escala. Tomando-se como exemplo a escala de Dó Maior, confira esse dado no Quadro 3.6, a seguir, e a estrutura de cada acorde (tríades e tétrades) formado em cada grau da escala maior e designada pelos intervalos das notas do acorde formados em relação à nota fundamental.

Quadro 3.6 – Significado dos graus da escala maior e acordes formados sobre eles

Grau [Nota]	Nome	Significado	Tríades [Acorde]	Tétrades [Acorde]
I [Dó]	Tônica	Grau principal: o centro em torno do qual gravitam as relações tonais.	1-3-5 [C]	1-3-5-7 [C7M]
II [Ré]	Supertônica	Grau que está acima da tônica; vem depois desta.	1-b3-5 [Dm]	1-b3-5-b7 [Dm7]

(continuação)

(Quadro 3.6 - conclusão)

Grau [Nota]	Nome	Significado	Tríades [Acorde]	Tétrades [Acorde]
III [Mi]	Mediante	Grau que está entre a tônica e a dominante.	1-b3-5 [Em]	1-b3-5-b7 [Em7]
IV [Fá]	Subdominante	Grau que está abaixo da dominante; vem antes desta.	1-3-5 [F]	1-3-5-7 [F7M]
V [Sol]	Dominante	Grau que domina, que prevalece.	1-3-5 [G]	1-3-5-b7 [G7]
VI [Lá]	Superdominante	Grau que está acima da dominante; vem depois desta.	1-3-5 [Am]	1-3-5-b7 [Am7]
VII [Si]	Sensível	Grau que é suscetível à tônica, à aproximação ou à resolução na tônica.	1-b3-b5 [Bdim]	1-b3-b5-b7 [Bm7(b5)]

Esse quadro mostra os acordes resultantes do empilhamento de terças em cada grau da escala maior – que gera o **campo harmônico maior**. Com base nessas informações, você pode identificar a estrutura dos acordes formados a partir de cada grau da escala. Os acordes da tonalidade de Dó maior construídos com as notas naturais (as teclas brancas do piano) são **diatônicos**. Observe a escrita das cifras no quadro. Há diferentes maneiras de escrever uma cifra; neste livro, adotamos a escrita sugerida por Almir Chediak (1984), porque entendemos ser mais clara (veja no Quadro 3.7, a seguir, na coluna "Recomendadas").

Quadro 3.7 – Notação das cifras

Recomendadas	Aceitáveis	Evitadas
C		CM
Cm	C-	
C(#5)	C+, C5+	
C°, C^{dim}	C^{o7}, C^{dim7}	
C$^6_9$	C$^9_6$	C$^{9M}_6$
C7M	Cmaj7	C7+, CM7, C7∆
C7M($^9_{\#11}$)	C7M($^{+11}_9$), C7M($^{11+}_9$)	C$^{+11}_7$+$_9$
Cm(7M)	Cm(maj7)	Cm7+
Cm7(b5)	Cm7(-5), C$^\varnothing$	C$^{\varnothing7}$, Cm7(5°)
Cm7(11)	Cm$^{11}_7$	Cm$^7_4$
C7(#5)	C7(+5), C$^7_+$	
C7(9)	C$^9_7$	C9
C7(b9)	C7(-9)	C$^{-9}_7$, C-9
C7(#9)	C7(+9)	C$^{+9}_7$, C+9
C7(#11)	C7(+11)	C$^{+11}_7$, C+11
C7(b13)	C7(-13)	C$^{-13}_7$, C-13
C7(13)		C7 13, C13
C7($^{\#9}_{\#11}$)	C7($^{+11}_{+9}$)	C^{+11}+9$_7$
C7($^{b9}_{b13}$)	C7($^{-13}_{-9}$)	C^{-13}-9$_7$
C4	C$_{sus}$ C$_{sus4}$	C11
C$^7_4$	C$^7_{sus}$, C$^7_{sus4}$	C$^{11}_7$
C$^7_4$(9)	C$^7_{sus}$(9), C$^7_{sus4}$(9)	C^{11}7$_9$, C^{9}7$_4$
C(add9)	C add9	C9

Obs. – 1: maj7 (sétima maior); sus 4 (quarta suspensa); add9 (adicional). Obs. – 2: Algumas cifras devem ser evitadas pelas seguintes razões: má programação visual, dificuldade de leitura e por darem margem a dúvidas e interpretação errada.

Fonte: Chediak, 1984, p. 36

Como informamos anteriormente, as notas que representam os graus I, IV e V da tonalidade (no exemplo do Quadro 3.3, notas Dó, Fá e Sol, respectivamente) estão associadas a uma quinta justa ascendente e descendente em relação ao centro tonal. Assim, os acordes formados sobre tais graus assumem a função de tônica (grau I), subdominante (grau IV) e dominante (grau V). Na escala maior natural, os acordes mais representativos da função de tônica, subdominante e dominante em uma tonalidade são construídos, respectivamente, sobre os graus I, IV e V da escala (observe o Quadro 3.4). Isso significa que, além de os acordes estarem relacionados às notas das escalas, eles têm um papel, uma **função harmônica** na tonalidade.

Portanto, é possível conceber um conjunto de sons simultâneos – acordes – com as notas da escala sobre cada grau da tonalidade. No entanto, há notas comuns entre os acordes formados sobre os graus da escala. Observe as tríades (Figura 3.1) e as tétrades (Figura 3.2) na tonalidade de Dó Maior.

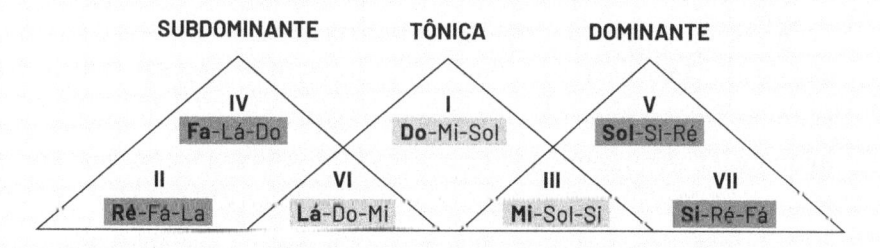

Figura 3.1 – Tríades em Dó Maior

	SUBDOMINANTE		TÔNICA		DOMINANTE	
	IV		I		V	
	Fá-Lá-Dó		Dó-Mi-Sol		Sol-Si-Ré	
II		VI		III		VII
Ré-Fá-Lá		Lá-Dó-Mi		Mi-Sol-Si		Si-Ré-Fá

Figura 3.2 – Tétrades em Dó Maior

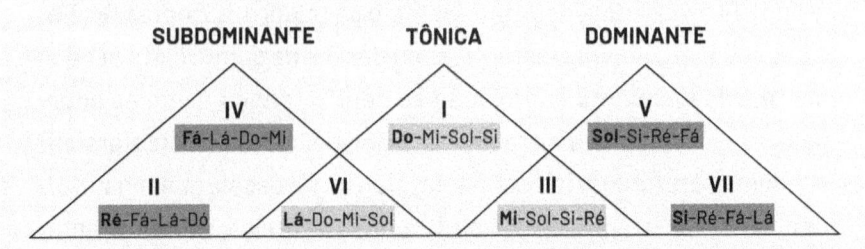

```
        SUBDOMINANTE              TÔNICA              DOMINANTE
             IV                      I                    V
         Fá-Lá-Do-Mi             Do-Mi-Sol-Si         Sol-Si-Ré-Fá
      II              VI                  III               VII
   Ré-Fá-Lá-Dó    Lá-Do-Mi-Sol        Mi-Sol-Si-Ré      Si-Ré-Fá-Lá
```

Perceba que os acordes formados sobre os graus III e VI da escala têm uma identidade com aquele formado sobre o grau I (função de tônica – T), pois apresentam maior quantidade de notas em comum. Isso também ocorre com os graus II e VI em relação ao grau IV (função de subdominante – S) e com os graus III e VII em relação ao grau V (função de dominante – D). Isso possibilita estabelecer uma relação funcional entre eles, entendendo-se que os acordes formados sobre os graus VI e III podem ter função de tônica, porém mais fraca; sobre os graus II e VI, função de subdominante; e sobre os graus III e VII, função de dominante. Entretanto, os acordes formados sobre os graus II e VII soam mais fortemente como subdominante e dominante, respectivamente. Assim, na prática, utilizamos: como acordes de função **tônica** (destaque em cinza-claro) aqueles formados sobre os graus I (principal), III e VI; como acordes de função **subdominante** (destaque em cinza-escuro) os formados sobre os graus IV (principal) e II; como acordes de função **dominante** (destaque em cinza-escuro) aqueles formados sobre os graus V (principal) e VII.

Já os intervalos entre as notas da escala natural maior são os mesmos em qualquer tonalidade maior. Isso também acontece nas tonalidades menores. Por essa razão, os acordes formados em cada grau dessas escalas têm uma estrutura padrão. Para facilitar a visualização da estrutura do acorde em cada grau da escala, indicaremos essa informação do lado direito do grau escrito em algarismos romanos. Em outras palavras, utilizaremos a mesma notação que adotamos para as cifras dos acordes, substituindo a nota fundamental pelo grau da escala. Quando não houver indicação alguma, isso significa que o acorde construído sobre o grau da escala é um acorde perfeito maior (tríade). Verifique, no exemplo a seguir (Quadro 3.8), como isso ocorre nas tonalidades maiores.

Quadro 3.8 – Categoria dos acordes, seus intervalos e graus onde ocorrem

Escalas maiores	Categorias	Intervalos (em relação à fundamental do acorde)	Graus onde ocorrem (com indicação do tipo de acorde à direita do grau)
Tríades	Perfeito maior	1-3-5	I, IV, V
	Perfeito menor	1-b3-5	IIm, IIIm, VIm
	Diminuto	1-b3-b5	VIIm(b5)
Tétrades	Maior com sétima maior	1-3-5-7	I7M, IV7M
	Maior com sétima menor	1-3-5-b7	V7
	Menor com sétima menor	1-b3-5-b7	IIm7, IIIm7, VIm7
	"Meio" diminuto (menor com sétima menor e quinta diminuta)	1-b3-bb-b7	VIIm7(b5)

No contexto de uma tonalidade e em termos de sons simultâneos, o compositor estabelece um fluxo de acordes que soa natural e que melhor evidencia o movimento de afastamento e aproximação do centro tonal. Na história da música ocidental, algumas sequências de acordes se tornaram padrões – o que chamamos de **progressões de acordes**. Como demonstramos anteriormente, há um campo harmônico que está relacionado à tonalidade maior. Por isso, é possível elaborar uma progressão de acordes associada às tonalidades maiores. Tais progressões não são simples sequências de acordes dispostos de forma aleatória. Elas sugerem a melhor maneira de sair de um acorde e chegar a outro(s) – e isso pode ser de grande utilidade para o compositor. As progressões estão relacionadas aos acordes formados sobre cada grau da escala. A seguir, no Quadro 3.9, observe algumas progressões já consagradas e relacionadas a tonalidades maiores, partindo-se de acordes formados sobre cada grau da escala.

Quadro 3.9 – Sugestão de progressão de acordes nas escalas maiores

Escalas maiores	Progressões (tétrades)
Os acordes...	... podem levar a...
I7M	Os acordes estruturados sobre o grau I podem aparecer em qualquer lugar da progressão.
IIm7	I7M, V7 ou VIIm7(b5)
IIIm7	I7M, IIm7, IV7M ou VIm7
IV7M	I7M, IIm7, IIIm7, V7 ou VIIm7(b5)
V7	I7M ou VIm7
VIm7	I7M, IIm7, IIIm7, IV7M ou V7
VIIm7(b5)	I7M ou IIIm7

Esse quadro pode ajudá-lo(a) a criar uma sequência de acordes. Você pode iniciar e terminar sua progressão, por exemplo, com o acorde formado sobre o grau I (tônica), afirmando a tonalidade que você escolheu para compor. Ainda, pode iniciar estabelecendo um andamento, uma fórmula de compasso e uma sequência de acordes, com base em um **ritmo harmônico**. Este indicará em quantos tempos do compasso você deverá inserir um acorde. Por exemplo:

- **Semínima**: 60 bpm (♩ = 60)
- **Compasso**: 2/4 (duas semínimas por compasso)
- **Unidade de tempo do compasso**: semínima
- **Sequência de acordes**: I7M IV7M V7 I7M
- **Ritmo harmônico**: mínima (a cada duas semínimas, muda-se o acorde)

Na Figura 3.3, mostramos como distribuir os acordes nos compassos.

Figura 3.3 – Distribuição dos acordes nos compassos

	I7M	IV7M	V7	I7M
2/4				

Consultando o Quadro 3.9, você pode acrescentar uma sequência de acordes, adicionando compassos: por exemplo, partindo do IV7M, seguindo até o IIIm7, depois para o IIm7 e, por fim, retornando à sequência final inicial (como expresso na Figura 3.4).

Figura 3.4 – Acréscimo de uma sequência de acordes

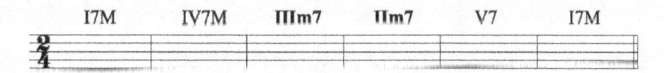

	I7M	IV7M	IIIm7	IIm7	V7	I7M
2/4						

Repare que tanto a progressão IV7M **IIIm7** quanto a **IIIm7 IIm7** e a **IIm7** V7 são sugeridas no Quadro 3.9. Contudo, é possível ampliar essa progressão, inserindo-se acordes e acrescentando-se compassos (Figura 3.5).

Figura 3.5 – Ampliação da progressão

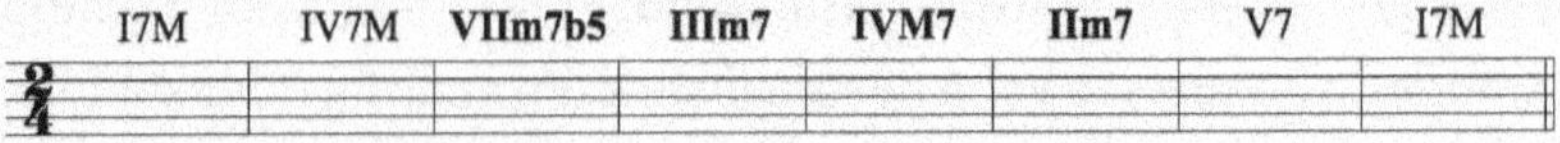

| I7M | IV7M | VIIm7b5 | IIIm7 | IVM7 | IIm7 | V7 | I7M |

As progressões IV7M **VIIm7(b5)**, **VIIm7(b5) IIIm7**, **IIIm7 IV7M** e **IV7M IIm7** também são sugeridas no Quadro 3.9. Com isso, é possível agregar nova sonoridade à progressão – passa-se de quatro compassos iniciais para oito compassos, mantendo-se o ritmo harmônico.

Esse é um recurso de que o compositor dispõe para criar progressões interessantes. Obviamente, as progressões listadas no Quadro 3.9 não são "leis" inflexíveis. Você deve escutá-las e eleger o melhor caminho de acordo com o que lhe agrada. No entanto, é possível aproveitar as funções dos acordes para ter mais opções de substituição quando da harmonização de uma melodia, por exemplo. Além disso, o jogo de afastamento/aproximação do centro tonal (situação de repouso) pode ficar mais interessante. Quanto a isso e como regra geral, é importante ter em mente que todo acorde maior ou menor pode ser precedido por um acorde de dominante, situado uma quinta justa acima. Veja um exemplo na Figura 3.6.

Figura 3.6 – Preparação de acordes maiores e menores pela dominante

graus: V7 I7M; V7 IIm7; V7 VIm; V7 IV7M
cifras: G7 C7M; A7 Dm7; E7 Am7; C7 F7M

Você provavelmente notou que acrescentamos uma **seta de traço contínuo** saindo do acorde formado sobre o grau V com sétima e chegando à tônica. Esse é um símbolo de análise musical que indica a **preparação da dominante**. No jogo de afastamento/aproximação de um centro tonal, trata-se de um movimento básico na tonalidade. No caso do acorde V7, a presença da terça maior e da sétima menor aumenta a tensão, isto é, o desejo por resolução. Isso ocorre porque a terça e a sétima desse acorde formam um **trítono** – intervalo formado por três tons inteiros (como os intervalos de quinta diminuta ou quarta aumentada) que divide a oitava em duas partes iguais. Na harmonia tonal tradicional, o trítono sempre demanda resolução. Perceba que os acordes de VIIm(b5) e VIIm7(b5) têm o trítono entre a fundamental e a quinta do acorde, o que significa que não soam como um acorde estável ou de repouso.

Na tonalidade, essa ideia de preparação/aproximação, que é função da dominante, está presente nos encadeamentos harmônicos. Ainda, é muito comum substituir um acorde com função de dominante por um ou mais acordes, com o objetivo de incrementar a harmonização de uma melodia. Observe, a seguir, alguns exemplos de como fazer isso nas escalas maiores.

- **Dominante secundário**

Você pode entender qualquer tríade ou tétrade maior ou menor de uma sequência de acordes construídos sobre os graus de uma escala maior como uma resolução provisória (um repouso) de uma tensão – com exceção daqueles formados sobre o grau VII, pois, como mencionamos, ele contém o trítono e, por isso, não dá a sensação de repouso. Observe a sequência da Figura 3.7 como exemplo.

Figura 3.7 – Progressão inicial

I7M   IV7M   V7   I7M
C7M   F7M   G7   C7M

Agora, entendendo o IV7M como uma resolução provisória, verifique a Figura 3.8.

Figura 3.8 – IV7M como resolução provisória

$$\begin{array}{ccccc} \text{I7M} & \overset{\frown}{\text{V7}} & \overset{\frown}{\text{IV7M}} & \overset{\frown}{\text{V7}} & \text{I7M} \\ \text{C7M} & \textbf{C7} & \textbf{F7M} & \text{G7} & \text{C7M} \end{array}$$

A seguir, na Figura 3.9, observe mais um exemplo.

Figura 3.9 – Progressão inicial

$$\begin{array}{cccc} \text{I7M} & \text{VIm7} & \overset{\frown}{\text{V7}} & \text{I7M} \\ \text{C7M} & \textbf{Am7} & \text{G7} & \text{C7M} \end{array}$$

Entendendo o VIm7 como uma resolução provisória (acorde menor), considere a Figura 3.10.

Figura 3.10 – VIm7 como resolução provisória

$$\begin{array}{ccccc} \text{I7M} & \overset{\frown}{\text{V7}} & \overset{\frown}{\text{VIm7}} & \overset{\frown}{\text{V7}} & \text{I7M} \\ \text{C7M} & \textbf{E7} & \textbf{Am7} & \text{G7} & \text{C7M} \end{array}$$

Repare que a preparação refere-se especificamente ao acorde que está funcionando como repouso momentâneo, como tônica provisória – no caso, F7M e Am7. Por essa razão, o acorde dominante preparatório para o F7M é o C7, e não o G7 (dominante da tonalidade de Dó Maior), assim como o acorde de preparação para o Am7 é o E7.

- **II V secundário (II cadencial)**

Outra possibilidade é substituir o acorde V7 por uma sequência IIm7 V7, quando se trata da preparação para um acorde maior (graus I, IV e V), ou IIm7(b5) V7, quando o objetivo é preparar para um acorde menor (graus II, III e VI). Essa diferença se explica pela necessidade de levar em conta a tonalidade (a armadura de clave) da tônica provisória. Tal procedimento geralmente é utilizado quando o acorde de V7 tem uma duração maior. Nesse caso, é possível substituir esse acorde por dois outros, isto é, pelo II cadencial. O colchete inserido entre os graus II e V é um símbolo de análise utilizado para indicar esse movimento. A seguir, detalhamos esse processo.

Na Figura 3.11, ilustramos a utilização da mesma sequência anterior (preparação para um acorde maior).

Figura 3.11 – Progressão com IV7M como resolução provisória (acorde maior)

I7M V7 IV7M V7 I7M
C7M C7 F7M G7 C7M

Na Figura 3.12, representamos a substituição do V7 pelo II cadencial, isto é, por IIm7 – V7.

Figura 3.12 – Substituição do V7 da resolução provisória no acorde maior pelo II cadencial

I7M IIm7 V7 IV7M V7 I7M
C7M Gm7 C7 F7M G7 C7M

Na Figura 3.13, ilustramos a utilização da outra sequência, com repouso provisório em acorde menor.

Figura 3.13 - Progressão com VIm7 como resolução provisória (acorde menor)

$$\text{I7M} \quad \text{IIm7(b5)} \quad \overbrace{\text{V7} \quad \text{VIm7}} \quad \overbrace{\text{V7} \quad \text{I7M}}$$
$$\text{C7M} \quad \text{Dm7(b5)} \quad \text{E7} \quad \text{Am7} \quad \text{G7} \quad \text{C7M}$$

A substituição do V7 pelo II cadencial, isto é, por IIm7(b5) - V7, está expressa a seguir, na Figura 3.14.

Figura 3.14 - Substituição do V7 da resolução provisória no acorde menor pelo II cadencial

$$\text{I7M} \quad \text{IIm7(b5)} \quad \overbrace{\text{V7} \quad \text{VIm7}} \quad \overbrace{\text{V7} \quad \text{I7M}}$$
$$\text{C7M} \quad \text{Dm7(b5)} \quad \text{E7} \quad \text{Am7} \quad \text{G7} \quad \text{C7M}$$

- **Preparação com acorde diminuto**

Para enriquecer a sonoridade do acorde de dominante, pode-se acrescentar uma b9 (nona menor). Isso pode ser feito, por exemplo, no acorde de V7, na escala de Dó Maior (Partitura 3.2).

Partitura 3.2 - Acorde V7 com acréscimo de b9 na tonalidade de Dó Maior

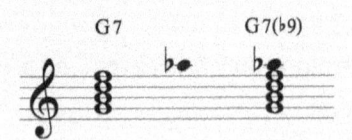

Fonte: Guest, 2010, p. 69.

Repare que, se omitida a fundamental, é gerado um acorde diminuto a partir da dominante (Partitura 3.3).

Partitura 3.3 – Acorde diminuto gerado a partir do acorde de dominante (tonalidade de Dó Maior)

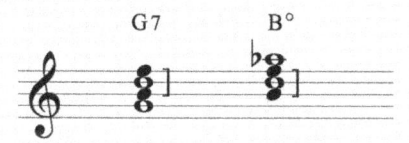

Fonte: Guest, 2010, p. 69.

Note também que ambos contêm o trítono (intervalo de quinta diminuta), ou seja, tanto um quanto o outro podem criar tensão e servir de preparação. Observe que a fundamental de B° é a terça de G7. Portanto, todo acorde de dominante pode ser substituído por um acorde diminuto, localizado uma terça maior acima. Por exemplo:

- G7 pode ser substituído por **B°**.
- C7 pode ser substituído por **E°**.
- E7 pode ser substituído por **G#°**.

O acorde diminuto é analisado em relação aos graus da tonalidade – no caso, maior. Por isso, deve-se ajustar com # ou b sempre que houver alteração em relação aos graus da escala maior principal. Vamos considerar os mesmos exemplos:

- V7 pode ser substituído por VII° (G7 por B°).
- V7 pode ser substituído por III° (C7 por E°).
- V7 pode ser substituído por #V° (E7 por G#°).

A Figura 3.15 mostra os dois exemplos anteriores.

Figura 3.15 – Duas progressões com resolução provisória

I7M V7 IV7M V7 I7M
C7M C7 F7M   G7 C7M

I7M V7 VIm7 V7 I7M
C7M E7 Am7   G7 C7M

Observe, na Figura 3.16, como resulta essa substituição (lembre-se de que o acorde diminuto tem de funcionar como preparação para o acorde que funcionará como repouso momentâneo).

Figura 3.16 – Substituição do acorde de dominante por diminuto

I7M III° IV7M V7 I7M
C7M E°   F7M   G7 C7M

I7M #V°   VIm7 V7 I7M
C7M G#°   Am7   G7 C7M

- **Dominante substituto (sub V)**

Outra possibilidade de substituição do acorde de dominante deriva do fato de o trítono dividir a oitava em duas partes iguais (Partitura 3.4).

Partitura 3.4 – Divisão da oitava em duas partes iguais

Se considerarmos o acorde V7, por exemplo, em Dó Maior, obteremos o que está expresso na Partitura 3.5.

Partitura 3.5 – Acorde de V7, com destaque para o intervalo de trítono

No acorde de G7, entre a fundamental (Sol) e a terça do acorde (Si) há um intervalo de terça maior (3M). Entre a fundamental (Sol) e a sétima do acorde (Fá) está o intervalo de sétima menor (7m). Como o trítono divide a oitava em duas partes iguais, há outro acorde que contém o mesmo trítono e outra nota fundamental que faz o intervalo de sétima menor e terça maior em relação a Si (ou Dó bemol) e Fá, respectivamente. Considere no segundo acorde a nota Si igual a Dó bemol (enarmonia), conforme representado na Partitura 3.6.

Partitura 3.6 – Acordes com o mesmo trítono

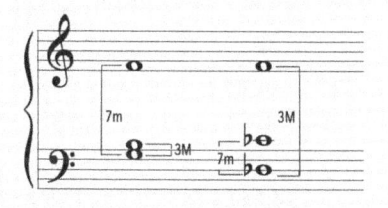

Dessa maneira, o acorde de Db7 pode substituir o acorde de C7, pois ambos contêm o mesmo trítono. Esse acorde (Db7) é chamado de *dominante substituto* ou *sub V*, o qual prepara um acorde menor ou maior situado meio tom abaixo – por conseguinte, a resolução do baixo desse acorde deve ser sempre descendente. Em virtude disso, o sub V não é cifrado com sua fundamental alterada com #

(o que, no cromatismo, representaria uma alteração ascendente). A notação da dominante substituta é uma flecha tracejada saindo do acorde de sub V. Considerando os exemplos anteriores, temos a Figura 3.17, a seguir.

Figura 3.17 - Duas progressões com resolução provisória

I7M V7 IV7M V7 I7M
C7M C7 F7M G7 C7M

I7M V7 VIm7 V7 I7M
C7M E7 Am7 G7 C7M

Vejamos uma preparação para acorde maior e menor, utilizando o dominante substituto (sub V), como demonstrado na Figura 3.18, a seguir:

Figura 3.18 - Substituição do acorde de dominante por sub V

I7M sub V7 IV7M V7 I7M
C7M Gb7 F7M G7 C7M

I7M sub V7 VIm7 V7 I7M
C7M Bb7 Am7 G7 C7M

Essas são algumas das possibilidades de que o compositor dispõe para elaborar uma sequência harmônica. A partir deste ponto, vamos nos concentrar nas escalas menores. Para isso, devemos comparar a escala maior natural com a escala menor natural. A fim de visualizarmos melhor as diferenças, relacionaremos as escalas de Dó Maior natural (Partitura 3.7) e Dó menor natural (Partitura 3.8).

Partitura 3.7 – Escala de Dó Maior natural

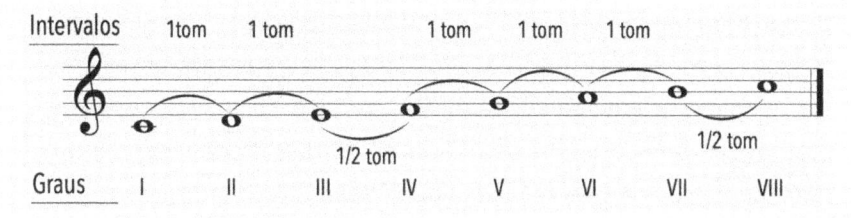

Intervalos: 1tom 1 tom 1/2 tom 1 tom 1 tom 1 tom 1/2 tom

Graus: I II III IV V VI VII VIII

Partitura 3.8 – Escala de Dó menor natural

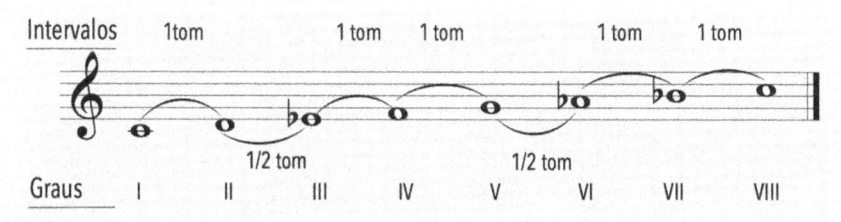

Intervalos: 1tom 1/2 tom 1 tom 1 tom 1/2 tom 1 tom 1 tom

Graus: I II III IV V VI VII VIII

Nas Partituras 3.7 e 3.8, observe que, em relação à escala maior natural, a escala menor natural tem três graus abaixados em um semitom, isto é, são três notas alteradas que representam os graus III, VI e VII da escala de Dó menor, cujos acidentes constam da armadura de clave dessa tonalidade: Mib, Láb e Sib. Em razão disso, e para efeito de cifragem, além de indicarmos à direita do grau da escala a estrutura básica do acorde (intervalos), indicaremos à esquerda com um *b* os graus que têm a fundamental abaixada em relação ao mesmo grau da escala natural do modo maior).

Figura 3.19 – Graus das escalas maior e menor

Escala maior natural:	I	II	III	IV	V	VI	VII
Escala menor natural:	I	II	**bIII**	IV	V	**bVI**	**bVII**

Quando compomos na tonalidade menor, além da escala do modo menor natural (primitivo), consideramos as escalas do modo menor harmônica e a melódica. Portanto, esses três diferentes tipos de escalas podem ocorrer na mesma música – o que muitas vezes acontece. Na Figura 3.20, comparamos os intervalos entre os graus dessas escalas e da escala do modo maior.

Figura 3.20 – Escalas do modo maior e menor e os intervalos entre os graus

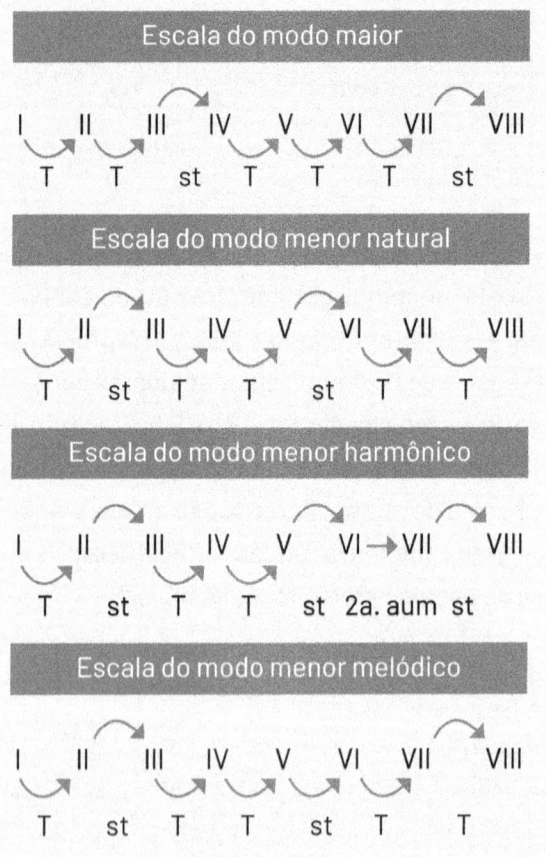

Escala do modo maior

I — II — III — IV — V — VI — VII — VIII
T   T   st   T   T   T   st

Escala do modo menor natural

I — II — III — IV — V — VI — VII — VIII
T   st   T   T   st   T   T

Escala do modo menor harmônico

I — II — III — IV — V — VI → VII — VIII
T   st   T   T   st   2a. aum   st

Escala do modo menor melódico

I — II — III — IV — V — VI — VII — VIII
T   st   T   T   st   T   T

A figura evidencia que há diferenças na relação intervalar entre a escala do modo maior e as do modo menor. Além disso, a partir do quinto grau das escalas do modo menor, também surgem diferenças intervalares entre elas; nesse ponto, vale lembrar que a escala menor melódica descendente tem os mesmos intervalos da menor natural. Isso faz a estrutura de alguns acordes do campo harmônico menor, formados em um mesmo grau dessas escalas, ser diferente, conforme demonstrado no Quadro 3.10 (exemplo na tonalidade de Dó menor).

Quadro 3.10 – Campo harmônico das escalas do modo menor

Graus da escala	Características dos acordes	Tríades		Tétrades	
I	Estrutura	Im		Im7	Im7M
	Intervalos	1-b3-5		1-b3-5-b7	1-b3-5-7
	Ocorrência	natural, harmônica e melódica		natural	harmônica e melódica
	Cifra (ex.: em Dó menor)	Cm		Cm7	Cm7M
II	Estrutura	IIm(b5)	IIm	IIm7(b5)	IIm7
	Intervalos	1-b3-b5	1-b3-5	1-b3-b5-b7	1-b3-5-b7
	Ocorrência	natural e harmônica	melódica	natural e harmônica	melódica
	Cifra (ex.: em Dó menor)	Do	Dm	Dm7(b5)	Dm7
bIII	Estrutura	bIII	bIII(#5)	bIII7M	bIII7M(#5)
	Intervalos	1-3-5	1-3-#5	1-3-5-7	1-3-#5-7
	Ocorrência	natural	harmônica e melódica	natural	harmônica e melódica
	Cifra (ex.: em Dó menor)	Eb	Eb(#5)	Eb7M	Eb7M(#5)
IV	Estrutura	IVm	IV	IVm7	IV7
	Intervalos	1-b3-5	1-3-5	1-b3-5-b7	1-3-5-b7
	Ocorrência	natural e harmônica	melódica	natural e harmônica	melódica
	Cifra (ex.: em Dó menor)	Fm	F	Fm7	F7

(continua)

(Quadro 3.10 - conclusão)

Graus da escala	Características dos acordes	Tríades		Tétrades	
V	Estrutura	V	Vm	V7	Vm7
	Intervalos	1-3-5	1-b3-5	1-3-5-b7	1-b3-5-b7
	Ocorrência	harmônica e melódica	natural	harmônica e melódica	natural
	Cifra (ex.: em Dó menor)	G	Gm	G7	Gm7
bVI	Estrutura	bVI		bVI7M	
	Intervalos	1-3-5		1-3-5-7	
	Ocorrência	natural e harmônica		natural e harmônica	
	Cifra (ex.: em Dó menor)	Ab		Ab7M	
VI (melódica)	Estrutura	VIm(b5)		VIm7(b5)	
	Intervalos	1-b3-b5		1-b3-b5-b7	
	Ocorrência	melódica		melódica	
	Cifra (ex.: em Dó menor)	A°		Am7(b5)	
bVII	Estrutura	bVII		bVII7	
	Intervalos	1-3-5		1-3-5-b7	
	Ocorrência	natural		natural	
	Cifra (ex.: em Dó menor)	Bb		Bb7	
VII (harmônica e melódica)	Estrutura	VIIm(b5)		VIIm7(b5)	VII°
	Intervalos	1-b3-b5		1-b3-b5-b7	1-b3-b5-bb7
	Ocorrência	harmônica e melódica		melódica	harmônica
	Cifra (ex.: em Dó menor)	B^{dim}		Bm7(b5)	B°

Tal como nas escalas maiores, as progressões estão relacionadas aos acordes formados sobre cada grau da escala. No Quadro 3.11, verifique algumas progressões já consagradas e relacionadas a tonalidades menores, partindo-se dos acordes formados em cada grau da escala.

Quadro 3.11 – Sugestão de progressão de acordes nas escalas menores

Escalas menores – progressões (tétrades)	
Estes acordes...	... podem levar a...
Im7 ou Im(7M)	Os acordes estruturados sobre o grau I podem aparecer em qualquer lugar da progressão.
IIm7(b5) ou IIm7	Im7 ou Im(7M), bIII7M, V7, Vm7, VIIm7(b5), VII°, bVII7
bIII(7M) ou bIII(7M#5)	Im7 ou Im(7M), IVm7, IV7, bVI(7M), VIm7(b5)
IVm7 ou IV7	Im7 ou Im(7M), V7, Vm7, VIIm7(b5), VII°, bVII7
V7 ou Vm7	Im7 ou Im(7M), bVI(7M), VIm7(b5)
bVI7M ou VIm7(b5)	Im7 ou Im(7M), bIII(7M), bIII(7M#5), IVm7, IV7, V7, Vm7, VIIm7(b5), VII°, bVII7
bVII7, VIIm7(b5) ou VII°	Im7 ou Im(7M)

Nas tonalidades menores, também é possível criar progressões com os dados do Quadro 3.11 e preparar cada acorde diatônico da escala pelo seu dominante, pelo II V secundário, pelo sub V, pelo II sub V secundário e pelo diminuto de função dominante, procedendo-se da mesma forma que para as tonalidades maiores. Convém ressaltar que os acordes diminutos e meio diminutos não são estáveis e, por isso, não são preparados.

Certamente você deve ter notado nessa leitura que, na música tonal, um acorde isolado não revela muita coisa. Ele pode pertencer a várias tonalidades. Somente em relação com outros acordes e com a tonalidade é que um acorde pode significar algo no contexto musical tonal. Nessa ótica, a progressão de acordes se torna relevante. Porém, assim como num texto escrito há a pontuação, na música há as **cadências**.

> **Importante!**
>
> *Cadência* é um termo de origem italiana – *cadere* – que significa "cair". Em música, refere-se ao movimento que encerra um período musical e equivale à pontuação harmônica do discurso musical. Em outras palavras, o termo representa a atração em direção ao grau I na qualidade de movimento que resulta em repouso ou final, em oposição à tensão ou ao afastamento do centro tonal produzido pelo uso de acordes formados sobre outros graus da escala.

As cadências dão a sensação de conclusão ou suspensão musical nos finais das frases melódicas. Para que isso ocorra, é preciso atentar à função do acorde no contexto da tonalidade, conforme descrito a seguir:

- **Cadência autêntica**: é conclusiva e formada por acorde(s) com função de dominante seguido(s) pela tônica (D-T). Todas as preparações que mostramos anteriormente têm a função de dominante.

Partitura 3.9 – Cadência autêntica

- **Cadência dominante ou semicadência**: não é conclusiva e envolve um encadeamento que interrompe na dominante, ou seja, é formado por acordes com função de dominante precedidos por quaisquer graus diferentes da dominante.

Partitura 3.10 – Cadência dominante ou semicadência: exemplo I

Sol maior

I   V

Partitura 3.11 – Cadência dominante ou semicadência: exemplo II

Fá maior

IV   V

- **Cadência plagal ou meia cadência**: envolve acordes com função de subdominante que resolvem na tônica (S-T).

Partitura 3.12 – Cadência plagal ou meia cadência

Sol maior

IV   I

- **Cadência interrompida (deceptiva ou de engano)**: nesse caso, o encadeamento V I é interrompido e o acorde V é seguido por outro acorde que não o I.

Partitura 3.13 – Cadência interrompida: exemplo I

Sol maior
V7   VI

Partitura 3.14 – Cadência interrompida: exemplo II

Sol maior
V   VIIdim
(Ré menor)

Quando da elaboração de uma progressão de acordes – e levando-se em consideração a tonalidade maior ou menor –, convém atentar para a função dos acordes e as possíveis cadências a serem criadas. É possível determinar um critério para isso. Por exemplo, pode-se elaborar uma progressão de acordes com quatro compassos, finalizada com uma cadência dominante, e partir para uma progressão de mais quatro compassos, finalizada com uma cadência conclusiva. Com base nessas progressões e utilizando-se notas dos acordes, pode-se criar duas frases musicais (melodias) do tipo antecedente e consequente, com quatro compassos cada uma – o que pode resultar em um tema para uma composição.

Certamente você já percebeu que nosso propósito não é tratar de teoria musical, e sim fornecer elementos para que você estabeleça relações musicais e elabore composições. O mais importante de tudo o que analisamos até aqui neste capítulo é que, na música tonal, há uma relação entre os acordes e as escalas, cujo "discurso tonal" se desenvolve por meio do afastamento e da aproximação de um centro tonal – o qual pode se alterar no decorrer da música, quando acontece a **modulação**. Na modulação, muda-se a tonalidade, confirmando-a por meio de uma cadência. Nesse caso, a progressão de acordes estabelece as relações entre os acordes de aproximação e afastamento do novo centro tonal. Quanto maior for o tempo de consolidação da nova tonalidade, mais eficiente será a fixação dela. É possível modular para tons vizinhos – aqueles entre os quais a diferença de acidentes na armadura de clave é de um acidente, como no caso de Si Maior (1#) e Ré Maior (2#), que têm 1# de diferença. Quando se pretende obter maior contraste entre as tonalidades (com maior quantidade de notas alteradas na escala), também é possível modular para tons distantes, que se referem àqueles que têm dois ou mais acidentes de diferença, como no caso de Fá Maior (1b) e Dó menor (3b), que apresentam 2b entre eles. Há diversas maneiras de efetuar a modulação. A seguir, listamos algumas sugestões.

- **Modulação por acorde comum**: a nova tonalidade é alcançada por meio de acordes comuns, diatônicos em ambas as tonalidades.

Figura 3.21 – Modulação por acorde comum

I7M   VIm7 | IIm7   V7 | I7M   IIIm7 | **VIm7=IIm7**   V7 | I7M
C7M   Am7 | Dm7   G7 | C7M   Em7 | **Am7**   D7 | G7M

Dó maior .... Sol maior ....

- **Modulação direta**: nesse caso, entra-se diretamente no novo tom sem buscar um acorde comum entre eles.

Figura 3.22 – Modulação direta

```
I7M   VIm7 | IIm7  V7 | IIIm7  VIm7 | IIm7  V7 | I7M
C7M   Am7  | Dm7   G7 | C#m7   F#m7 | Bm7   E7 | A7M

Dó maior............................   Lá maior............................
```

- **Marcha harmônica modulante**: geralmente, trata-se de uma "ponte" constituída de acordes com função de dominante entre uma tonalidade e outra, passando por várias tonalidades. Veja o exemplo a seguir.

Figura 3.23 – Marcha harmônica modulante

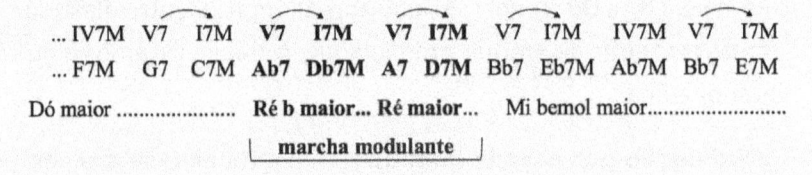

```
... IV7M  V7  I7M   V7   I7M   V7   I7M   V7   I7M   IV7M  V7   I7M
... F7M   G7  C7M   Ab7  Db7M  A7   D7M   Bb7  Eb7M  Ab7M  Bb7  E7M
Dó maior...............   Ré b maior... Ré maior...   Mi bemol maior...............
                          |   marcha modulante   |
```

Agora que já expusemos alguns elementos úteis para elaborar uma progressão de acordes, vamos analisar a relação entre melodia e harmonia.

3.2 Melodia e harmonia

Possivelmente você, leitor(a), já percebeu que há uma relação entre a melodia e os acordes diatônicos, pois ambos estão associados às escalas. É possível elaborar a harmonia de uma melodia de várias formas, utilizando-se progressões diferentes de acordes para um mesmo trecho. Isso significa que a harmonia criada para uma melodia está ligada ao que auditivamente mais agrada ao compositor. Muitas vezes, a melodia já revela o acorde. Observe o trecho da *Sonata em Sol Maior n. 4 para piano*, KV283, de Wolfgang Amadeus Mozart, exposto na Partitura 3.15.

Partitura 3.15 – Melodia extraída de uma sequência de acordes: exemplo I

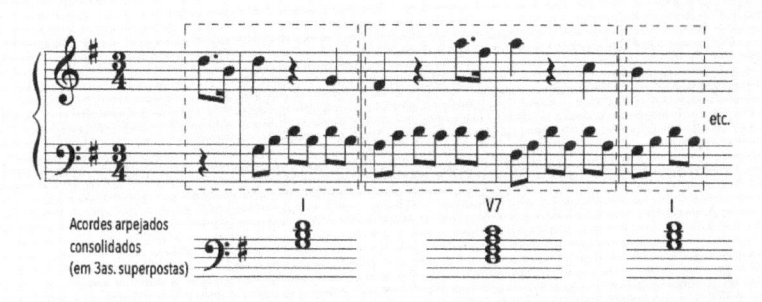

Fonte: Zamacois, 1983, p. 52.

Note que tanto a melodia quanto o acompanhamento do trecho foram extraídos de uma sequência de acordes: G D7 G (I V7 I). Mozart compôs várias melodias utilizando esse procedimento. Uma delas talvez você já tenha escutado, pois é extraída de uma obra muito conhecida do compositor: a *Pequena serenata noturna*, KV525 (Partitura 3.16).

Partitura 3.16 – Melodia extraída de uma sequência de acordes: exemplo II

Fonte: Toch, 1989, p. 102.

O trecho está na tonalidade de Sol Maior. Nos dois primeiros compassos, a melodia é construída sobre o acorde de primeiro grau (G) e, nos dois últimos compassos, sobre o acorde do V grau, incluindo a sétima (D7).

O exemplo seguinte é extraído do primeiro movimento do *Quarteto de cordas n. 20 em Ré Maior, KV499*.

Partitura 3.17 – Melodia extraída de uma sequência de acordes: exemplo III

Fonte: Toch, 1989, p. 101.

Nesse caso, o trecho está na tonalidade de Ré Maior, e a melodia foi criada com as notas do acorde formado no I grau (D).

O trecho a seguir é o da *Serenata n. 12 para instrumentos de sopro, em Dó menor, K388*. Posteriormente, Mozart aproveitou a mesma melodia e a transcreveu para o seu *Quinteto de cordas n. 2, KV406*.

Partitura 3.18 – Melodia extraída de uma sequência de acordes: exemplo IV

Fonte: Toch, 1989, p. 101.

Nesse caso, a melodia dos três primeiros compassos foi elaborada com as notas que formam o acorde de tônica (Cm).

Observe, a seguir, duas melodias extraídas do *Quarteto de cordas em Mi bemol Maior, Op. 9, n. 2*, de Joseph Haydn (1732-1809).

Partitura 3.19 – Melodia extraída de uma sequência de acordes: exemplo V

Fonte: Toch, 1989, p. 98.

O primeiro compasso anacrústico foi elaborado com notas do acorde formado sobre o grau I (Eb), e o segundo compasso, com notas do acorde do grau VII (D°), seguido do acorde do grau I (Eb). Agora, examine o exemplo extraído do *Quarteto de cordas em Fá Maior, Op. 74, n. 2*, do mesmo compositor.

Partitura 3.20 – Melodia extraída de uma sequência de acordes: exemplo VI

Fonte: Toch, 1989, p. 98.

Perceba que os quatro compassos do exemplo foram elaborados com as notas do acorde do primeiro grau (F).

Outro compositor que também utilizou notas do acorde para a construção de melodias foi Ludwig van Beethoven, conforme se constata no trecho da *Sinfonia n. 3 em Mi bemol Maior "Eroica", Op. 55*, transcrito a seguir.

Partitura 3.21 – Melodia extraída de uma sequência de acordes: exemplo VII

Fonte: Toch, 1989, p. 106.

Nesse exemplo, as notas da melodia foram extraídas do acorde de tônica (Eb). No entanto, as melodias não são feitas somente de notas do acorde. Os compositores podem utilizar notas que não são do acorde para elaborar a melodia. A seguir, observe um o trecho da *Sonata Op. 2, n. 1, em Fá menor*, de Beethoven.

Partitura 3.22 – Melodia formada com notas do acorde e estranhas a ele

Fonte: Zamacois, 1983, p. 53.

Tanto no primeiro compasso anacrústico quanto no segundo compasso, as notas da melodia e do acompanhamento foram extraídas do acorde de tônica (Fm), com exceção das notas Sol e Mi natural do segundo compasso. Ambas são estranhas ao acorde; não obstante, podem ser utilizadas na melodia. Há vários tipos de notas estranhas ao acorde às quais o compositor pode recorrer para embelezar a melodia, dar-lhe mais fluência ou enriquecê-la. A seguir, arrolamos algumas delas.

- **Notas de passagem**

Observe um trecho do *Quinteto de cordas em Dó Maior, Op. 29*, de Beethoven.

Partitura 3.23 – Melodia com notas de passagem

Fonte: Toch, 1989, p. 132.

A melodia está na voz mais aguda, sendo acompanhada pelos acordes da tonalidade do trecho, que é Fá Maior. Repare que as notas da melodia que têm duração maior e que estão dando apoio aos tempos do compasso 3/4 são as notas dos acordes. Observe os seguintes pontos:

- As notas Lá e Dó no primeiro e no segundo tempo do primeiro compasso fazem parte do acorde estruturado sobre o grau I da escala (F), com a fundamental no baixo; a nota Fá do terceiro tempo também integra o acorde de tônica, mas com a 3ª no baixo (F/A).
- A nota Sib no primeiro tempo do segundo compasso compõe o acorde construído sobre o grau V com 7ª e 5ª no baixo (C7/G); no segundo tempo, a nota Mi faz parte do mesmo acorde, porém com a 7ª no baixo (C7/Bb); no terceiro tempo, a nota Fá faz parte do acorde de grau I, com a 3ª no baixo (F/A).
- No primeiro tempo do terceiro compasso, a nota Fá é parte do acorde formado sobre o grau IV (Bb); a nota Dó está presente no acorde de tônica (grau I) com a 5ª no baixo (F/C) e é prolongada, dobrando o Dó do acorde de dominante (grau V) com 7ª (C7).

Por outro lado, as notas de curta duração do primeiro e segundo compassos não são notas dos acordes, mas **notas de passagem**. Também há várias delas no terceiro compasso. Elas suavizam a passagem, isto é, diminuem a distância intervalar entre as notas estruturais da melodia, fazendo com que esta caminhe por graus conjuntos, de modo a evitar que se desenvolva por saltos.

- **Bordadura**

Além da inserção de notas de passagem, o compositor pode adornar ou enfeitar as notas da melodia. A bordadura é uma alternativa para isso. Ela ocorre depois de uma nota estrutural da melodia, a uma distância de tom ou semitom ascendente ou descendente, sendo seguida pela mesma nota que a antecedeu. Observe o trecho a seguir, extraído da *Sinfonia n. 6 em Fá Maior, "Pastoral", Op. 68*, de Beethoven.

Partitura 3.24 – Melodia com bordadura

Fonte: Toch, 1989, p. 132.

Repare que no segundo tempo do terceiro compasso ocorre uma bordadura. O Lá é seguido pelo Sib e, depois, retorna-se para o Lá. Observe, ainda, a nota de passagem (Sol) do primeiro tempo do mesmo compasso.

- **Escapada**

Outro recurso que o compositor pode usar para a elaboração da melodia com notas estranhas ao acorde é deixar uma nota real (estrutural) da melodia por grau conjunto e retornar com um salto para outra nota estrutural da melodia. Observe o trecho a seguir, da *Sonata em Dó Maior*, de Haydn.

Partitura 3.25 – Melodia com escapada

Fonte: Kennan, 1987, p. 41.

Em todos os compassos desse trecho, pode-se identificar o uso da escapada pelo compositor. No primeiro compasso, por exemplo, a nota Fá é uma escapada porque é alcançada por grau conjunto a partir da nota Mi e deixada por meio de um salto, alcançando a nota Ré – que forma com as outras notas (semínimas Fá e Lá) a tríade de Ré menor na primeira inversão, isto é, com a terça no baixo (Dm/A). Note que todas elas ocorrem nos tempos fracos do compasso e, quando surge no primeiro tempo (terceiro compasso), a escapada está localizada na segunda metade do tempo e com uma duração pequena.

- **Apojatura**

Podemos dizer que a apojatura constitui um recurso de elaboração melódica que é o oposto da escapada. Além de ocorrer no tempo forte ou semiforte do compasso, ela é precedida de salto e deixada por grau conjunto, como se constata no trecho a seguir, extraído do *Concerto em Fá Maior para violino, cordas e cravo*, de Antonio Vivaldi.

Partitura 3.26 – Melodia com apojatura

Fonte: Kennan, 1987, p. 42.

Nesse trecho, há algumas apojaturas, como é possível constatar no terceiro tempo do primeiro compasso, em que a nota Dó é precedida de salto e seguida por grau conjunto pela nota Sib, que forma com as outras notas a tríade de Sol menor (Gm) – acorde diatônico formado no grau II da escala de Fá Maior (tonalidade do trecho).

- **Antecipação**

A antecipação é o que o nome sugere: a antecipação de uma nota do compasso seguinte. Notas antecipadas também podem ou não ser unidas por ligadura. Observe o exemplo a seguir, extraído da *Sonata n. 20 em Sol Maior, Op. 49*, de Beethoven.

Partitura 3.27 – Melodia com antecipação

Fonte: Toch, 1989, p. 137

- **Pedal**

Tradicionalmente, o pedal começa como uma nota harmônica (nota do acorde), prolonga-se como nota não harmônica e finaliza como harmônica novamente. É recorrente, no repertório, o pedal de tônica ou de dominante. No trecho a seguir, da *Sonata em Mi bemol Maior*, de Haydn, pode-se observar a nota pedal.

Partitura 3.28 – Nota pedal

Fonte: Kennan, 1987, p. 42

Repare que o pedal é formado com a nota Mi bemol, que representa a tônica (grau I) da escala de Mi bemol Maior – tonalidade do trecho em questão. A nota Mi bemol se prolonga por quase todo o trecho, alternando compassos como nota do acorde de Eb e como nota estranha ao acorde, finalizando como nota da tônica (Eb).

- **Suspensão/retardo**

A **suspensão** é a ação de manter uma nota do acorde anterior, tornando-a uma nota estranha ao novo acorde, seguida por uma nota do acorde, com movimento descendente em grau conjunto. Tem três etapas: (1) preparação, referente à nota do acorde que será suspensa; (2) suspensão, relativa à nota suspensa, mantida sobre outro acorde ao qual não pertence; e (3) resolução, ligada à nota distanciada uma segunda abaixo e que se segue à suspensão. Já o **retardo**, *grosso modo*, difere da suspensão pelo fato de se resolver em grau conjunto ascendente. Portanto, no retardo, mantém-se a nota do acorde, que se torna estranha ao novo acorde, seguida de uma nota, agora do acorde, distanciada de um intervalo de segunda ascendente. Observe as duas situações no exemplo a seguir.

Partitura 3.29 – Suspensão e retardo

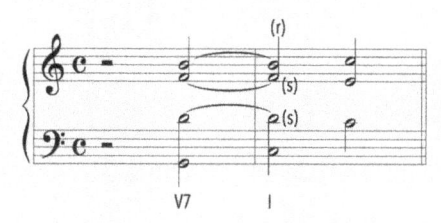

Fonte: Bordini, 2022.

A nota Si do soprano (mais aguda) é a terça do acorde de dominante G7 (V7) que se mantém no compasso seguinte. Além disso, constata-se que o baixo fez o caminho para a fundamental do acorde de tônica C (I), transformando o Si em nota estranha ao acorde – situação resolvida de forma ascendente com a nota Dó, sendo, assim, a nota Si do compasso da tônica um retardo. Outrossim, a nota Ré se mantém no segundo compasso, mas é seguida descendentemente pela nota Dó – pertencente ao acorde formado sobre o grau I (C) –, o que configura a nota Ré no segundo compasso como uma suspensão.

Todas essas possibilidades de elaboração da melodia podem ser usadas pelo compositor. Na sequência, descreveremos uma maneira de criar uma melodia com base em uma progressão de acordes, com a utilização de notas estranhas a eles.

3.3 Criando uma melodia a partir da harmonia

Para criar uma melodia a partir de uma sequência harmônica, primeiramente é preciso escolher uma progressão de acordes associada a determinada tonalidade. Examine o exemplo da Partitura 3.30.

Partitura 3.30 - Progressão de acordes

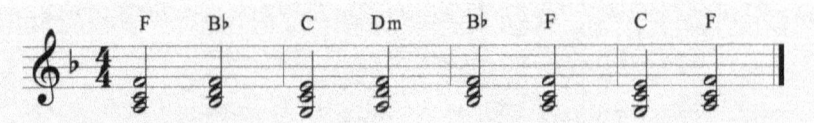

Depois, deve-se selecionar uma nota de cada acorde, procurando equilibrar saltos melódicos com movimento em graus conjuntos e alternando a direção do fluxo da melodia (movimentos ascendentes e descendentes).

Partitura 3.31 - Seleção de notas dos acordes

Perceba que, ao realizar esse processo, o compositor está definindo as notas estruturais da melodia, ou seja, que fazem parte de acordes. Na sequência, é necessário elaborar um pouco mais a melodia, acrescentando-se notas estranhas aos acordes, como as notas de passagem (Partitura 3.32).

Partitura 3.32 - Acréscimo de notas estranhas aos acordes (notas de passagem)

Também se pode adicionar outras notas estranhas ao acorde, como bordadura (compasso 1), antecipação (compasso 2), antecipação (compasso 3) e suspensão (compasso 4) (Partitura 3.33).

Partitura 3.33 – Acréscimo de notas estranhas aos acordes (bordadura, antecipação e suspensão)

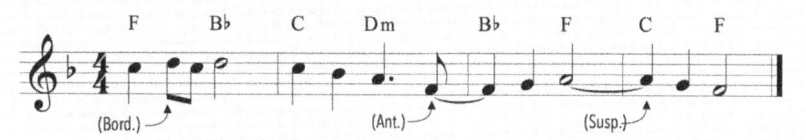

Na sequência, o compositor tem de revisar a melodia com o intuito de conferir-lhe um acabamento, o que ele pode fazer, por exemplo, inserindo pausas, diminuindo e/ou estendendo a duração de algumas notas, procurando equilibrar saltos melódicos com movimento em graus conjuntos e alternando a direção do fluxo da melodia (movimentos ascendentes e descendentes).

Partitura 3.34 – Acréscimo de pausas, aumento e diminuição da duração das notas

Obviamente, as melodias podem ser criadas de forma intuitiva, sem observar os procedimentos que acabamos de demonstrar. No entanto, sabemos que o trabalho do compositor não depende somente da inspiração (como explicitamos no primeiro capítulo); ademais, a criação de melodias a partir de uma progressão de acordes pode ajudar o profissional a produzir melodias independentemente de estar inspirado ou não.

De qualquer modo, suponhamos que você, na condição de compositor(a), deseja fazer o caminho contrário: já dispõe de uma melodia e pretende harmonizá-la. Nesse caso, você deverá considerar o que tratamos até aqui – aspectos rítmicos, melódicos e harmônicos – para identificar algumas possibilidades de harmonização, conforme analisaremos a seguir.

3.4 Harmonizando uma melodia

Para harmonizar uma melodia em um tom maior ou menor, é importante estar familiarizado com ela. Para isso, é recomendável cantá-la a fim de memorizá-la. Se ela não estiver escrita na pauta, convém escrevê-la, identificando o andamento, o compasso e a armadura de clave. Depois, é preciso perceber o que ela requer em termos de acompanhamento, utilizando-se um instrumento harmônico (um violão ou teclado, por exemplo). Como vimos neste capítulo, os acordes estruturados sobre os graus I (tônica), IV (subdominante) e V (dominante) contêm todas as notas da escala e, assim, devem, em algum momento, soar bem com a melodia.

Inicia-se, então, a harmonização adicionando tríades ou tétrades com função de tônica, dominante e subdominante, nos pontos identificados como, respectivamente, relaxamento, aproximação ou afastamento do centro tonal. Para facilitar esse processo, é importante verificar na melodia os trechos que contêm as notas que estão presentes em tais acordes e utilizá-los. Pode ser que algum compasso ou parte dele seja constituído por todas as notas de um desses três acordes. Se for esse o caso, já está definido o acorde que deve ser inserido. O compositor, nesse ponto, deve continuar cantando a melodia e conferindo o que fez. Certamente perceberá que, em alguns momentos, ela sugerirá fortemente a mudança de acorde e, em outros, não. Com base nisso, tente estabelecer um ritmo harmônico, isto é, determinar a partir de quantos compassos ou tempos de compasso a harmonia deve mudar. Isso deve ser feito provisoriamente, pois, até o final da harmonização, pode haver acréscimo de acordes e, com isso, o ritmo harmônico poderá mudar.

É conveniente considerar a possibilidade de que algumas notas da melodia sejam estranhas ao acorde; nesse caso, o compositor tem de rever sua harmonização. É interessante substituir acordes com a mesma função (subdominante, dominante, tônica), devendo-se observar que a presença do trítono em um acorde tem forte poder de atração (aproximação) - o que geralmente ocorre em acordes com função de dominante. É possível, ainda, utilizar as opções de preparação de acorde, conforme descrevemos aqui: por exemplo, dominante, II V secundário, sub V, II sub V secundário e diminuto de função dominante.

O compositor deve seguir cantando a melodia várias vezes e adicionando outros acordes de que goste, a fim de que o resultado da junção de harmonia e melodia lhe agrade. Ao terminar de harmonizar, tente analisar o que produziu. Também é conveniente que verifique se em algum trecho ainda é pertinente promover a substituição de um ou outro acorde ou, até mesmo, incluir uma progressão deles. Portanto, deve considerar a harmonização finalizada somente quando ficar satisfeito com o resultado.

Analisemos um exemplo de harmonização da música *Fui no Itororó*, proposta pelo compositor e arranjador Carlos Almada (2009).

- Melodia a ser harmonizada: *Fui no Itororó*, em Fá Maior.

Partitura 3.35 – Melodia (*Fui no Itororó*)

Fonte: Almada, 2009, p. 115.

- Verificando possíveis notas estranhas ao acorde:

Partitura 3.36 – Possíveis notas estranhas ao acorde

Fonte: Almada, 2009, p. 115.
Nota: NP: nota de passagem; B: bordadura.

- Inserindo os pontos onde haveria mudança de acordes diatônicos com função de tônica (I), dominante (V) e subdominante (IV):

Partitura 3.37 – Inserção de acordes com função de tônica, dominante e subdominante

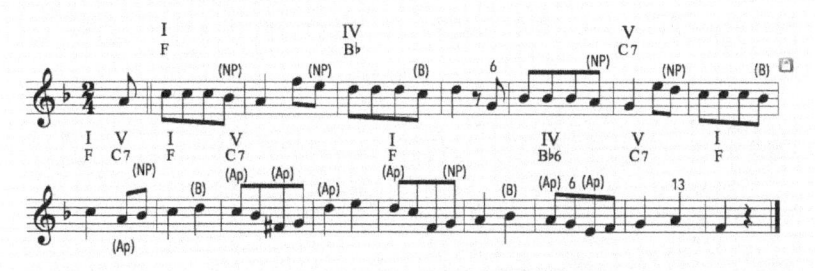

Fonte: Almada, 2009, p. 116.

- Mantendo os pontos de referência do item anterior e propondo algumas harmonizações diatônicas sem mudar as funções:

Partitura 3.38 – Sugestão de harmonizações diatônicas sem mudar as funções

Fonte: Almada, 2009, p. 116.

- Rearmonizando com dominantes secundários:

Partitura 3.39 – Rearmonização com dominantes secundários

```
 I        VI      IV  V/II   II                VII      V
 F        Dm      B♭  D7     Gm                Em7(♭5)  C7

 III  V    I  V/V  V     VII      V/III  III V/VI  VI V/II  II  V/V  V    I
 Am   C7   F  G7   C7    Em7(♭5)  E7     Am7 A7    Dm D7    Gm  G7   C7   F
```

Fonte: Almada, 2009, p. 118.

- Rearmonizando com II cadencial:

Partitura 3.40 – Rearmonização com II cadencial

```
 I        VI      IIø       V/II   II              VII      V
 F        Dm      Am7(♭5)   D7     Gm              Em7(♭5)  C7

 III    II  V/V  V      IIø        V/III  IIø        V/VI  IIø         V/II  II      V/V  V    I
 Am     Dm  G7   C7     Bm7(♭5)   E7     Em7(♭5)   A7    Am7(♭5)     D7/A  Gm/B♭   G7/B C7   F
```

Fonte: Almada, 2009, p. 122.

- Rearmonizando com sub V:

Partitura 3.41 – Rearmonização com sub V

Fonte: Almada, 2009, p. 132.

- Rearmonizando com acordes diminutos com função preparatória:

Partitura 3.42 – Rearmonização com acordes diminutos com função preparatória

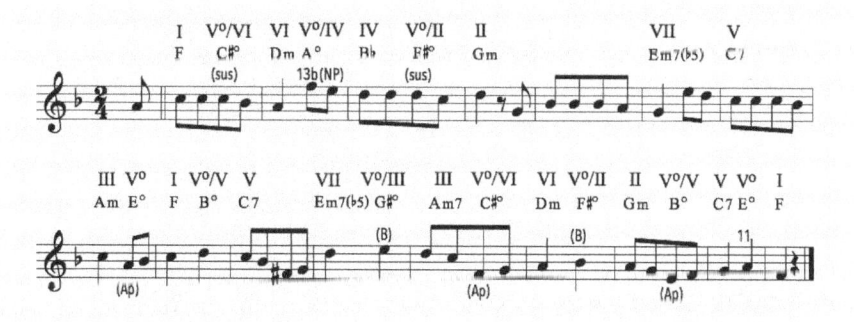

Fonte: Almada, 2009, p. 139.

Essas são algumas possibilidades de harmonização dessa melodia. Há outras, como a harmonização por meio do "empréstimo" de acordes de tonalidades que têm afinidade com a tonalidade principal ou com o centro tonal de uma melodia qualquer, como aquelas cuja tônica se encontra uma quinta justa abaixo (região de subdominante) ou quinta justa acima (região de dominante). No caso de a tonalidade principal ser Dó Maior, as duas tonalidades afins citadas seriam Fá Maior e Sol Maior.

Com relação às escalas menores, a escala relativa menor (natural) do tom principal não oferece muitas possibilidades de empréstimo interessantes, pois os acordes que constituem o campo harmônico de uma e de outra são os mesmos (as notas de ambas as escalas são as mesmas), conforme mostra a Partitura 3.43.

Partitura 3.43 – Campo harmônico da tonalidade de Dó maior e da relativa menor (Lá menor)

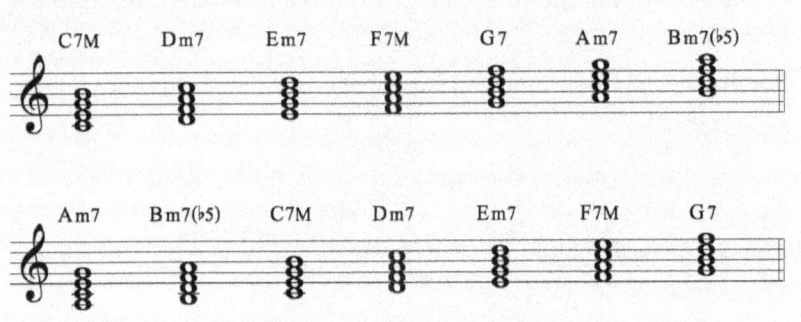

Fonte: Almada, 2009, p. 146.

Entretanto, há uma escala menor que oferece muitas possibilidades de empréstimo à tonalidade maior principal (apesar de não estar localizada em uma região muito próxima): a tonalidade homônima menor. Essa tonalidade recebe o mesmo nome da tonalidade maior, mas tem o modo menor, como no caso das tonalidades de Dó Maior e Dó menor, respectivamente.

Quadro 3.12 – Campo harmônico da tonalidade de Dó menor e os graus da escala maior que podem ser utilizados

Região homônima menor (dó menor)	I	II	III	IV	V	VI	VI
Acordes	Cm7	Dø	Eb7M	Fm7	Gm7	Ab7M	Bb7
Região tônica (dó maior)	Im7	IIø	bIII7m	IVm7	Vm7	bVI7M	bVII7

Fonte: Almada, 2009, p. 153.

No Quadro 3.12, a primeira linha lista os graus da escala da homônima menor (no caso, Dó menor); a segunda reúne os acordes formados sobre os graus da homônima menor; e a terceira contém os graus da escala maior (Dó Maior) já considerando o empréstimo do modo menor. Isso significa, por exemplo, que o acorde formado no grau I da escala de Dó Maior (C7M) pode ser substituído por Cm7 – acorde este emprestado do grau I da escala de Dó menor – ou que o acorde formado sobre o grau IV da escala maior (F7M, no caso) pode ser substituído pelo acorde formado no grau IV da escala homônima menor (Fm7, no caso). Obviamente, os empréstimos devem ser feitos considerando-se as notas da melodia. Além disso, há que se ter bom senso e atentar para o fato de que o excesso de acordes "emprestados" pode descaracterizar a tonalidade original.

Até aqui tratamos da melodia acompanhada por acordes, mas é possível explorar outras possibilidades, conforme detalharemos a seguir.

3.5 Homofonia e polifonia

É possível obter diferentes resultados articulando melodia e harmonia, além da melodia acompanhada por acordes (em blocos ou arpejados) – um tipo de **homofonia** –, como geralmente ocorre na música popular ou de consumo. Há também a possibilidade de sobrepor várias melodias independentes, considerando-se a relação intervalar e harmônica entre elas, isto é, abordando-se a composição sob o viés da **polifonia**. O estudo do **contraponto** é o que tradicionalmente propicia ao compositor as técnicas necessárias para a elaboração da música polifônica. Um dos mais antigos e conhecidos tratados sobre essa questão é o *Gradus ad Parnassum*, de Joseph Fux, publicado em 1725, texto que reúne princípios relativos à prática da composição sob o viés da polifonia (várias melodias independentes sobrepostas).

Não trataremos aqui do estudo do contraponto, pois isso fugiria do foco deste livro. Contudo, a partir de uma única linha melódica e conhecendo-se a estrutura dos acordes, é possível escrever melodias e contracantos para um conjunto de dois, três ou mais instrumentos. Para isso, recorreremos à relação intervalar entre as notas de uma melodia e aquelas que estruturam cada acorde utilizado para harmonizá-la. Apresentaremos algumas possibilidades técnicas para a composição de contracanto e para a escrita de melodias em bloco ou *soli*. As técnicas de escrita em bloco ou *soli* são utilizadas para, a partir de uma melodia harmonizada, compor duas ou mais melodias para soarem conjuntamente, respeitando-se o ritmo da melodia original. Entretanto, aqui nos restringiremos à escrita para duas e três vozes. Antes, porém, vale destacar as possibilidades de movimento obtidas entre duas vozes (Partituras 3.44 a 3.46).

Partitura 3.44 – Movimento paralelo: as vozes caminham em uma mesma direção

Partitura 3.45 – Movimento contrário: as vozes caminham em direções opostas

Partitura 3.46 – Movimento oblíquo: uma voz permanece enquanto a outra caminha na direção ascendente ou descendente

Fonte: Herrera, 1995, p. 112.

Na composição com escrita em bloco, independentemente de ser a duas ou mais vozes, a melodia original ou principal sempre é a mais aguda. As outras melodias são compostas em uma região de altura inferior (abaixo) em relação à melodia principal. Consideremos agora a melodia principal (voz mais aguda) dos três exemplos anteriores; pode-se compor uma melodia em bloco (abaixo da melodia principal) utilizando-se somente relações intervalares, como no exemplo a seguir.

Partitura 3.47 – Melodia em bloco a duas vozes

O arpejo do acorde G7 na 2a. voz quebra a sequencia de 3as. e 6as.

Fonte: Guest, 1996, p. 116.

Como se pode observar, com exceção do trecho final, a melodia relativa à segunda voz foi composta com intervalos de terças e sextas, algo muito comum, pois são consonâncias (imperfeitas) e funcionam muito bem na composição de *soli* a duas vozes. Obviamente, é possível utilizar outros intervalos, mas que não são tão frequentes quanto as terças e sextas paralelas.

No entanto, a partir de uma melodia, também se pode elaborar um contracanto simples ou compor mais de duas melodias em bloco, levando-se em consideração uma análise mais apurada da melodia, a fim de identificar as notas estruturais e as estranhas ao acorde. Para isso, é interessante realizar uma análise melódica antes de iniciar a composição da(s) outra(s) melodia(s). Essa análise diz respeito à relação intervalar entre as notas da melodia e a fundamental dos acordes que a harmonizam, para se detectar quais notas estruturais estão contidas nos acordes, conforme demonstramos anteriormente. Assim, é importante conhecer os intervalos entre as notas de um acorde e sua fundamental.

No Quadro 3.13, sintetizamos o que expusemos anteriormente sobre as estruturas dos acordes das tonalidades maiores e menores.

Quadro 3.13 – Intervalo entre a nota fundamental e as outras notas do acorde

Estrutura (X é a nota fundamental do acorde)	Intervalos (entre a fundamental e outras notas do acorde)			
X	1	3	5	
Xm	1	b3	5	
Xaum	1	3	#5	
Xdim	1	b3	b5	
X6	1	3	5	**6** (pode substituir a 7M)
Xm6	1	b3	5	**6** (pode substituir a 7M)
X7M	1	3	5	7
Xm7	1	b3	5	b7
Xm7(b5)	1	b3	b5	b7
Xm7M	1	b3	5	7
X7	1	3	5	b7
X7(#5)	1	3	#5	b7
X7(4)	1	**4** (pode substituir a 3ª, antecedendo X7)	5	b7
Xdim	1	b3	b5	bb7

Há, portanto, vários acordes com o intervalo de quinta justa entre a nota fundamental e a quinta do acorde. Isso significa que, quando se almeja compor para duas vozes e identificar um acorde somente com as notas que representam a fundamental e a quinta, corre-se o risco de não saber com certeza qual acorde se está analisando;

ainda, pode-se não conseguir, em uma progressão, estabelecer uma relação de aproximação e afastamento do centro tonal. Contudo, se em uma composição a duas vozes forem consideradas as notas que representam a terça e a sétima de um acorde, aumentam as chances de identificá-lo, caracterizando-o como menor ou maior, com sétima maior ou menor.

As notas que caracterizam o acorde (isto é, aquelas que fazem um intervalo de terça e sétima com a fundamental) são chamadas, muitas vezes, de *notas guia*. Todavia, quando a nota que representa a quinta do acorde faz um intervalo diferente da quinta justa com a fundamental – quinta aumentada ou diminuta –, ela passa a ser também identificadora da especificidade desse acorde, ou seja, passa a ser também uma **nota característica**. Isso ocorre igualmente com a nota que representa o intervalo de sexta maior com a fundamental (que pode ser uma alternativa para a sétima maior do acorde) e aquela que representa a quarta justa, que se dá no acorde de dominante com sétima, no qual a terça é substituída pela quarta (desde que seguido do acorde de dominante com sétima que contenha a terça). Portanto, os intervalos expostos no Quadro 3.13, destacados em negrito, são aqueles dispostos entre as notas características e a fundamental do acorde. O destaque chama a atenção para o fato de que tais notas não devem ser omitidas em um encadeamento harmônico – se assim for feito, será preciso ter uma boa justificativa.

Examinando-se mais acuradamente os campos harmônicos maior e menor, percebem-se notas que não fazem parte da estrutura básica de uma tríade ou tétrade, mas que também podem ser utilizadas. São as **tensões dos acordes**, as quais são obtidas mediante a sobreposição de terças a tétrades até o limite dado pela nota fundamental, uma oitava acima. Observe o exemplo a seguir, relacionado ao campo harmônico maior, e os acordes formados sobre os graus da escala de Dó Maior.

Partitura 3.48 – Campo harmônico maior: tétrades e notas de tensão

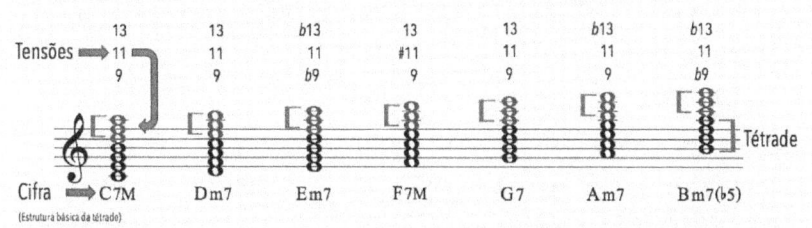

Cifra	C7M	Dm7	Em7	F7M	G7	Am7	Bm7(♭5)
Tensões	13 / 11 / 9	13 / 11 / 9	♭13 / 11 / ♭9	13 / ♯11 / 9	13 / 11 / 9	♭13 / 11 / 9	♭13 / 11 / ♭9

(Estrutura básica da tétrade)

As tensões podem ser utilizadas para enriquecer qualquer acorde do campo harmônico das tonalidades maiores e menores, sem que, com isso, o acorde perca sua sonoridade básica, ou seja, sua característica. Todavia, nem todas as notas de tensão podem ser usadas sem que isso ocorra. Por essa razão, algumas delas não são utilizadas. Vale a pena repetir: as notas de tensão servem para enriquecer o acorde, e não para que ele perca sua sonoridade característica! Assim, com base em Guest (1996), podemos incluir no Quadro 3.13 as notas de tensão possíveis de serem utilizadas, sintetizando as informações no Quadro 3.14.

Quadro 3.14 – Estrutura intervalar básica das tétrades com notas de tensão possíveis

Acordes (tétrades)	Notas							
Tipos (X é qualquer nota fundamental)	Estrutura básica				Tensões			
X7M ou (6)	1	3	5 ou #5	7 ou 6	9	#11		
Xm7	1	b3	5	b7	9	11		
Xm6 ou (7M)	1	b3	5	7 ou 6	9	11		
Xm7(b5)	1	b3	b5	b7	9	11	b13	
X dim	1	b3	b5	bb7	9	11	b13	7
X7	1	3	5, #5 ou b5	b7	9, #9 ou b9	#11	13 ou b13	
X7(sus4)	1	4	5	b7	9		13 ou b13	

E em que as notas de tensão podem auxiliar na composição de melodias em bloco? A resposta é simples: essas notas podem constituir diferentes intervalos com as fundamentais dos acordes que servem como acompanhamento dessa melodia, como no Quadro 3.14.

3.6 Análise melódica

Suponhamos que o compositor já disponha de uma melodia harmonizada. É possível analisá-la e concluir que algumas notas da melodia podem ser entendidas como notas de tensão, e não como estranhas ao acorde. Se ele considerar que está compondo para dois instrumentos melódicos somente (como um clarinete e uma flauta transversal), isso faz muita diferença! Digamos que na melodia mais aguda há uma nota de tensão. No momento de compor a outra melodia, ele pode optar pelas notas características do acorde para completar o intervalo harmônico, de modo a não perder a referência da sonoridade característica do acorde. No entanto, a condição para isso é analisar quais são os intervalos que as notas da melodia fazem com a fundamental dos acordes. Examine o exemplo a seguir, referente a uma análise melódica feita com base nas informações apresentadas anteriormente.

Partitura 3.49 – Análise melódica com base no intervalo que as notas da melodia fazem com a nota fundamental dos acordes

Observe que na melodia há notas que fazem parte da estrutura da tétrade, mas também há notas de tensão (Fá, no segundo compasso – intervalo de 13ª maior com a fundamental do acorde; Lá no terceiro compasso – intervalo de 9ª maior com a fundamental do acorde; Ré no quarto compasso – intervalo de 13ª maior com a fundamental do acorde). Nesse caso, podemos considerá-las notas de tensão dos acordes, e não como estranhas.

Composição de contracantos

Com base no que demonstramos até aqui, é possível compor um **contracanto**, que servirá de apoio ou suporte harmônico à melodia principal. *Grosso modo*, a ideia é compor uma melodia com notas que se mantêm durante a vigência de um acorde.

- **Contracanto baixo (linha melódica do baixo)**

O contracanto mais conhecido é aquele gerado pela linha do baixo. Também se trata de uma melodia e, como tal, deve ser tão elaborada como outra qualquer. Entretanto, se forem utilizados os acordes somente com a fundamental no baixo, a melodia poderá apresentar muitos saltos ou não fluir tão bem. Essa é uma das razões pelas quais o compositor se utiliza da **inversão de acordes**, destinando para o baixo a 3ª, a 5ª ou a 7ª do acorde. Observe, na Partitura 3.50, como a linha do baixo pode ser fluida e caminhar por graus conjuntos a partir da inversão de acordes.

Partitura 3.50 – Trecho de *Insensatez*, música de Tom Jobim (com letra de Vinicius de Moraes)

Fonte: Guest, 1996, p. 95.

Perceba que, no terceiro e sétimos compassos, a 3ª dos acordes B7 e A7 está no baixo, respectivamente; no quinto compasso, é a vez da 5ª do acorde de G7.

- **Contracanto passivo**

Outra possibilidade de criar um contracanto que dê suporte harmônico à melodia principal é elaborar outra voz que sirva de acompanhamento, o contracanto passivo (Guest, 1996). Observe o exemplo a seguir (Partitura 3.51).

Partitura 3.51 – Contracanto passivo: exemplo I

Nota: D-7=Dm7; G-7=Gm7; BbMaj7=Bb7M.

Fonte: Herrera, 1995, p. 118.

Note que a melodia principal está em uma região mais aguda. As mínimas do contracanto acompanham o ritmo harmônico – com exceção da ligadura do segundo para o terceiro compasso. Isso auxilia no suporte harmônico. Com relação à seleção das notas do contracanto, observe que, nos dois primeiros tempos do primeiro compasso, o acorde é Dm7. As notas da melodia são a 5ª do acorde (Lá) e uma nota de passagem (Sol). A nota escolhida para o contracanto passivo é a 7ª (Dó) do acorde, portanto, característica deste. No terceiro e quarto tempos do primeiro compasso, o acorde é G7. As notas da melodia são a 7ª e a 5ª do acorde. A nota escolhida para o contracanto é a 3ª do acorde (Si), também uma nota característica. Nos dois primeiros tempos do segundo compasso, as notas da melodia são a fundamental (Sol) e a 7ª (Fá). A nota escolhida para o contracanto é a 3ª do acorde (Sib), portanto, uma nota característica do acorde de Gm7. Nos dois últimos tempos do segundo compasso, as notas da melodia representam a 7ª e a 5ª do acorde. A nota escolhida para o contracanto foi Lá, a 3ª do acorde – também uma nota característica do acorde de F7 –, que se prolonga até o último compasso, transformando-se também em uma nota característica, a 7ª do acorde de Bb7M.

Desse modo, para a composição do contracanto passivo, foram utilizadas notas características dos acordes – 3ª e 7ª –, as quais reforçam a sonoridade proposta pela harmonia. O Lá do último compasso foi prolongado, pois não havia necessidade de mudança de nota, visto que esta se integrava perfeitamente à harmonia do último compasso. Repare que a melodia do contracanto fluiu cromaticamente (de meio em meio tom) e descendentemente – sem saltos ou mudanças bruscas.

Agora, observe outro exemplo, na Partitura 3.52.

Partitura 3.52 – Contracanto passivo: exemplo II

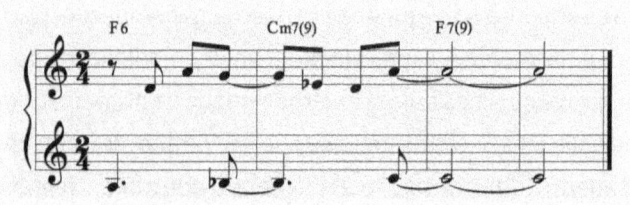

Nesse caso, é interessante destacar que na melodia há duas antecipações, que ocorrem nos tempos 2 do primeiro e do segundo compassos. Aqui, o contracanto acompanha a antecipação, levando em consideração a nota antecipada da melodia e sua relação com o acorde. Com base nos exemplos, podemos sugerir alguns procedimentos para a composição de contracantos passivos que podem funcionar como suporte harmônico à melodia.

Para compor um contracanto passivo, inicialmente o compositor tem de proceder à análise da melodia em relação à harmonia. Depois, precisa observar o ritmo harmônico (isto é, o ritmo de mudança dos acordes) e considerá-lo na definição da figura que será utilizada para a elaboração do contracanto. Então, deve realizar a composição do contracanto abaixo da melodia principal, observando cada nota da melodia em relação ao acorde (é interessante que a melodia se mantenha na região mais aguda, para ganhar destaque). Se na melodia não houver nota característica, esta deverá ser inserida no contracanto.

Na sequência, o compositor desenvolve a melodia caminhando por graus conjuntos e, se necessário, realiza um ou outro salto melódico, continuando na direção contrária ao salto – isso se notar que a melodia caminha para uma região muito aguda (muito próxima da melodia) ou muito grave. Se a progressão harmônica permitir, ele terá de manter a nota quando da mudança de acordes. Em outras palavras, precisará criar um contracanto passivo em relação à melodia principal. Ele deve ter em mente que o contracanto é o coadjuvante. Nesse sentido, um contracanto muito movido "disputa" a primazia com a melodia. Vale reforçar que a "estrela" é a melodia principal e, portanto, ela deve chamar mais a atenção do ouvinte.

- **Contracanto ativo**

Com base na relação melodia/harmonia, também é possível compor um contracanto ativo nos momentos em que a melodia principal tem menos atividade ou silencia. Observe o exemplo a seguir.

Partitura 3.53 – Contracanto ativo: exemplo I

Do primeiro ao terceiro compasso, há um contracanto passivo criado considerando-se a alternância das notas características e o intervalo que elas fazem com a fundamental do acorde (3ª maior no primeiro compasso, 7ª maior no segundo compasso e 6ª maior no terceiro compasso). A partir do quarto compasso, a melodia principal diminui bastante a atividade e inicia um contracanto ativo, que reproduz a melodia imitando-a uma 6ª maior abaixo. Na melodia principal, permanece a nota Si, que é a 3ª do acorde de G7M. No contracanto, o compositor imitou a melodia utilizando notas do acorde: Fá# (7ª maior), Ré (5ª) e Sol (fundamental). Portanto, para a criação de contracantos ativos, valem as mesmas sugestões que demos para a elaboração de melodias. Pode-se utilizar notas dos acordes (incluindo tensões) e notas estranhas. Não é necessário priorizar as notas características do acorde porque, nesse caso, o contracanto não funciona como apoio harmônico.

A seguir, acompanhe outro exemplo.

Partitura 3.54 – Contracanto ativo: exemplo II

Nota: G-7=Gm7; FMaj7=F7M.
Fonte: Herrera, 1995, p. 121.

Repare que o contracanto ativo preenche o intervalo entre as melodias principais. Há uma sobreposição entre melodia e contracanto, pois este inicia enquanto soa a nota Dó da melodia, e esta reinicia com a nota Dó enquanto soa o Mi do contracanto. Isso dá uma sensação de continuidade melódica. No entanto, a pausa de colcheia antes de iniciar o contracanto deixa clara a intenção de não começar o contracanto no tempo forte do compasso. Isso é importante porque há um acorde atacando no primeiro tempo do compasso, ou seja, no tempo forte. Assim, realizar o contracanto no tempo forte, juntamente com a entrada do acorde, pode prejudicar a clareza da linha melódica. No caso do exemplo, isso se agravaria porque seria criada uma dissonância Dó/Dó# com as notas do acorde. No entanto, essa sensação foi amenizada com a antecipação da nota Dó da melodia e a entrada do contracanto com uma figura de curta duração (colcheia) na segunda metade do tempo forte do compasso, isto é, depois do ataque do acorde na cabeça do primeiro tempo do compasso. É possível, também, iniciar um contracanto ativo depois que a melodia principal silencia, em vez de sobrepô-lo à melodia principal. O compositor deve decidir entre uma e outra opção, de acordo com o que lhe soar melhor.

Espaçamento fechado e aberto

As notas de um acorde podem ser dispostas de duas maneiras diferentes: com espaçamento fechado ou com espaçamento aberto. No primeiro, não há como inserir notas do acorde entre as notas mais grave e mais aguda. Já no segundo, é possível inserir notas do acorde. Assim, quando se utiliza o espaçamento fechado para encadear tríades, por exemplo, deve-se escrever as notas dentro da mesma oitava. Já para o espaçamento aberto, é preciso escrever as duas notas restantes abaixo da nota da melodia principal, de forma que fique um espaço entre elas para outra nota do acorde.

Partitura 3.55 – Espaçamento aberto

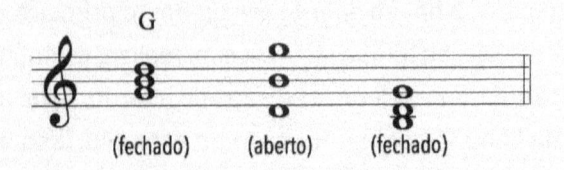

(fechado)   (aberto)   (fechado)

Para facilitar a "abertura" do acorde, o compositor pode "cair" uma oitava abaixo com a segunda voz escrita com espaçamento fechado. Essa técnica também é chamada de *drop 2* (a palavra inglesa *drop* significa " baixar, cair", e o número 2 indica a segunda voz). Nesse caso, é recomendado que o intervalo máximo entre duas notas vizinhas seja de uma 6ª maior (Almada, 2000). Observe, no exemplo a seguir (*a, b* e *c*), o acorde de Sol Maior e suas inversões nas posições fechada e aberta, na técnica *drop 2*.

Partitura 3.56 – Acorde nas posições aberta e fechada

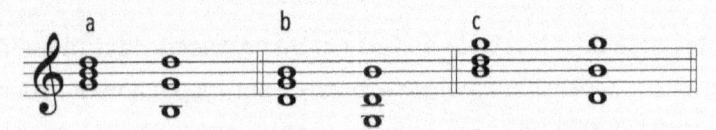

Composição de melodias em bloco (soli)

As melodias escritas em bloco (*soli*) são um conjunto de melodias sobrepostas que têm o mesmo ritmo, sendo a mais aguda a principal. Elas são elaboradas com base nos acordes da melodia principal já harmonizada. Assim, mediante a análise melódica, é possível elaborar melodias em bloco, empregando-se tríades e tétrades.

- **Composição de melodias em bloco a três vozes (*soli* a 3)**

  A melodia em bloco a três vozes consiste em melodias sobrepostas, sendo a mais aguda a melodia principal e aquela a partir da qual são elaboradas as outras duas. Como apresentam o mesmo ritmo, obtêm-se acordes de três sons que caminham no ritmo da melodia principal.

  Nesse tipo de composição, há duas possibilidades: quando a melodia principal é harmonizada com base em tríades (acordes com três sons) ou em tétrades (acordes com quatro sons), como informamos anteriormente. Além disso, pode-se considerar para a elaboração das melodias o espaçamento fechado ou aberto dos acordes.

- **Quando a melodia principal é harmonizada com tríades**

  Nesse contexto, há também duas possibilidades: a nota da melodia principal pode ser a nota do acorde ou uma nota estranha a ele. Quando for a nota do acorde, o compositor deve simplesmente distribuir as outras notas do acorde entre as duas vozes restantes. Quando não for nota do acorde, entende-se que essa nota está omitindo a imediatamente inferior e, por isso, ele deve completar com as duas notas do acorde logo abaixo da nota omitida, conforme o exemplo a seguir (Partitura 3.57).

Partitura 3.57 – Composição de *soli* a três em espaçamento fechado em melodia harmonizada por tríades

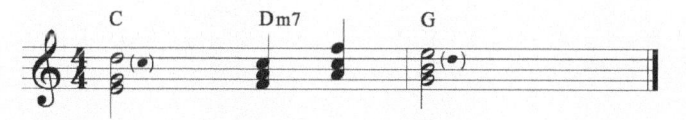

O procedimento nos espaçamentos abertos difere apenas pela necessidade de deixar espaço para uma nota do acorde entre as vozes adjacentes (Partitura 3.58).

Partitura 3.58 – Composição de *soli* a três em espaçamento aberto em melodia harmonizada por tríades

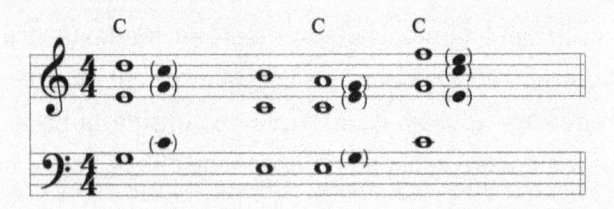

Fonte: Herrera, 1995, p. 125.

Quando na melodia há notas estranhas ao acorde (de passagem, bordaduras etc.), inicialmente é necessário harmonizar a primeira nota não estranha ao acorde, que se encontra logo após a nota estranha ao acorde que se deseja harmonizar; esta é a nota-objetivo (ou nota-alvo). Depois, deve-se retornar e harmonizar a nota estranha ao acorde, considerando os intervalos utilizados na nota-objetivo.

Partitura 3.59 – Composição de *soli* a três: técnica de harmonização de notas estranhas ao acorde (tríades)

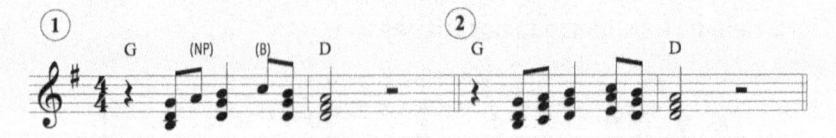

Observe a situação 1 da Partitura 3.59. Há nota de passagem e bordadura em dois pontos da melodia. No primeiro deles, a nota Lá da segunda metade do segundo tempo do compasso é uma nota

de passagem. Ela foi harmonizada com as notas Dó e Fá, utilizando-se os mesmos intervalos para a elaboração sob a nota Si (nota do acorde de G) do terceiro tempo do compasso (situação 2). Isso também ocorre com a nota de passagem Dó, da primeira metade do quarto tempo do compasso (situação 1), que foi harmonizada com as notas Lá e Mi, isto é, com os mesmos intervalos utilizados sob a nota seguinte (Si) – situação 2.

- **Quando a melodia principal é harmonizada com tétrades**

Quando a harmonização de uma melodia principal é feita com tétrades, são quatro notas a considerar: fundamental, 3ª, 5ª e 7ª. Isso significa que, na escrita de melodias em bloco a três vozes, uma das notas deve ser omitida – e, com isso, pode ser que o espaçamento fechado ou aberto não seja tão evidente como nas tríades. No entanto, aconselhamos não ultrapassar o intervalo de 6ª maior entre as notas das melodias.

Nas tétrades, é possível omitir a 5ª e a fundamental[1]. Se uma delas for nota da melodia, convém inserir nas outras vozes aquelas que caracterizam o acorde. Vale lembrar que, além das terças e das sétimas, são notas características as quintas alteradas (aumentadas e diminutas), as quartas e as sextas dos acordes – portanto, elas devem ser consideradas como prioritárias.

Para iniciar o procedimento com tétrades, quando a nota da melodia for nota do acorde, vale inserir abaixo desta outra nota do acorde a uma distância de, no máximo, uma 6ª ou 7ª, conforme o exemplo da Partitura 3.60.

...
1   Esse tipo de técnica é muito comum com trio de sopros acompanhados de uma base rítmico-harmônica. Como, nesse contexto, há uma linha de baixo, geralmente se opta pela fundamental em último caso.

Partitura 3.60 – Composição de *soli* a três em melodia harmonizada por tétrades: etapa I

Depois, deve-se inserir entre elas outra nota do acorde.

Partitura 3.61 – Composição de *soli* a três em melodia harmonizada por tétrades: etapa II

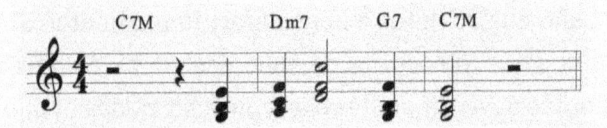

Em vez de considerar uma distância máxima de 6ª ou 7ª entre as vozes limites (aguda e grave) e inserir a terceira nota entre elas para obter um espaçamento mais fechado, é possível inserir as notas do acorde considerando-se somente uma distância máxima entre as notas que não seja superior a uma 6ª maior (Almada, 2000).

Em ambos os casos, o compositor deve dar preferência às notas características, mas evitar intervalos de semitom (2ª menor) com a melodia. Quando houver um predomínio horizontal da melodia, convém evitar intervalos de tom (2ª maior).

Nos casos de notas estranhas ao acorde, o procedimento utilizado para as melodias principais harmonizadas com tétrades é o mesmo que para as tríades. Harmoniza-se com os mesmos intervalos usados para a nota-objetivo, como no exemplo a seguir (Partitura 3.62).

Partitura 3.62 – Composição de *soli* a três: técnica de harmonização de notas estranhas ao acorde (tétrades) – etapas I e II

Na etapa 1, é possível identificar a nota marcada com um + como nota estranha ao acorde de G7M. A nota-objetivo de tal nota estranha ao acorde é Ré, a qual já se encontra completada com a notas da segunda e terceira vozes. Já na etapa 2, a nota estranha ao acorde de G7M foi completada reproduzindo exatamente os intervalos entre vozes criados descendentemente a partir da nota-objetivo Ré (compare com o preenchimento realizado na etapa 2 sob a nota Fá# pertencente ao acorde). Preenchimento sob a nota estranha ao acorde (etapa 2):

- 1ª voz (nota da melodia estranha ao acorde): Dó#
- 2ª voz (5ª justa abaixo): Fá#
- 3ª voz (6ª menor abaixo): Lá#

Se a nota estranha ao acorde da melodia for cromática, deve-se harmonizar com os mesmos intervalos utilizados na nota-objetivo, mas com as notas internas se movimentando por semitom, conforme o exemplo a seguir.

Partitura 3.63 – Composição de *soli* a três: técnica de harmonização de notas estranhas ao acorde (melodia cromática)

Quando há notas estranhas ao acorde com mais de um cromatismo, procede-se da mesma forma que no caso anterior. Inicia-se com a harmonização da nota-objetivo e, a partir dela, realiza-se a harmonização das notas cromáticas que a antecedem, utilizando bemóis ou bequadros quando forem descendentes e sustenidos quando forem ascendentes (Partitura 3.64).

Partitura 3.64 – Composição de *soli* a três: técnica de harmonização de notas estranhas ao acorde com mais de um cromatismo

Em todos os casos, deve-se evitar o intervalo de 9ª menor entre as vozes. A exceção é no acorde com estrutura de X7(b9), isto é, acorde de sétima da dominante com nona menor (nota de tensão) – desde que estejam presentes a 3ª e/ou a 7ª, conforme o exemplo a seguir.

Partitura 3.65 – Intervalo de 9ª menor entre as vozes

Nota: G-7=Gm7; FMaj7=F7M
Fonte: Herrera, 1995, p. 144.

De acordo com Almada (2000), há outras técnicas de harmonização de notas estranhas ao acorde. Por exemplo:

- **Diatônica (D)**: quando a nota-objetivo (ou nota-alvo) é um acorde com função de tônica (I, VI ou III), harmoniza-se com notas de um acorde com função de subdominante (IV ou II), e vice-versa.

Partitura 3.66 – Técnica de harmonização com notas de acordes diatônicos

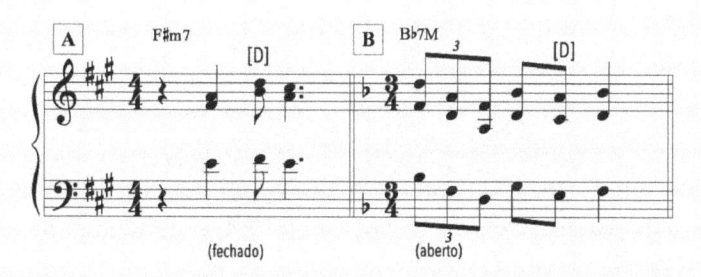

Fonte: Almada, 2000, p. 151.

- **Dominante (V)**: configura-se quando a nota estranha ao acorde da melodia (nota de inflexão) é considerada uma nota de um acorde dominante secundário.

Partitura 3.67 – Técnica de harmonização com notas de acordes com função dominante

Fonte: Almada, 2000, p. 151.

- **Diminuta (⁰)**: ocorre quando a nota estranha ao acorde é considerada nota de um acorde diminuto com função dominante.

Partitura 3.68 – Técnica de harmonização com notas de acordes diminutos

Conforme explicitamos neste capítulo, com o auxílio da harmonia, é possível rearmonizar ou compor melodias solo, acompanhadas ou em bloco, além de contracantos ativos e passivos. No próximo capítulo, discutiremos outros aspectos relacionados à composição, como textura, fontes sonoras, timbre e grupos instrumentais.

3.7 Sugestões de usos e repertórios

O que abordamos neste capítulo é de fundamental importância para a composição de músicas tonais. A harmonia funcional é muito utilizada na música de concertos, em trilhas musicais para cinema, TV, *games* e na música popular. Nessa ótica, saber elaborar uma progressão de acordes e harmonizar uma melodia que cause interesse no movimento de afastamento e aproximação do centro tonal é um trunfo que o compositor pode ter nas mãos, principalmente quando a melodia é muito simples ou não atrai tanto a atenção. Por esse motivo, as diferentes possibilidades de preparação para a resolução em um acorde que funciona como repouso podem auxiliar nessa tarefa. As cadências também podem ser de grande ajuda para o compositor, na medida em que têm o potencial de reforçar o sentido de continuidade, interrupção ou finalização de uma frase ou tema musical.

Outra possibilidade se refere à capacidade de criar melodias interessantes a partir de uma sequência harmônica, entendendo-se a melodia como um conjunto de notas que se dividem em notas presentes nos acordes (incluindo as tensões) e notas estranhas. A partir de uma sequência melódica com notas obtidas exclusivamente de uma progressão de acordes, o compositor pode ligá-las ou enfeitá-las usando notas que não fazem parte dos acordes. Isso é de grande utilidade quando há a necessidade de compor temas diferentes com base em uma mesma sequência de acordes. Tal procedimento pode ser utilizado na composição de trilhas, pois o contexto harmônico pode servir como um elemento de unidade para um conjunto de cenas, por exemplo. Da mesma forma, elaborar diferentes harmonizações de uma mesma melodia pode possibilitar seu uso em contextos diversos, para um mesmo fim.

Os contracantos passivos e ativos, assim como as melodias em bloco, podem ser interessantes tanto em composições instrumentais quanto nas músicas populares, como no caso da construção das melodias em *background*, para serem executadas por *backing vocals*. Nos arranjos de música popular ou instrumental, é comum a situação em que um trio de sopros (com saxofone, trompete e trombone, por exemplo) executa melodias compostas utilizando a técnica de escrita em bloco a três vozes (*soli* a 3). Esse recurso também pode ser utilizado em outras formações.

Há uma quantidade imensa de obras que aprofundam o que expusemos neste capítulo. São inúmeros os usos de contracantos passivos e ativos, os quais estão presentes em uma infinidade de repertórios e gêneros musicais, como nos arranjos vocais para música coral ou na música popular, na forma de contracanto vocal ou instrumental. Na música instrumental, existem inúmeras melodias e contracantos que se alternam com melodias em bloco, executadas com instrumentos de sopro. Nesse sentido, há o repertório destinado às bandas de música e *big bands*, que são uma fonte de aprendizado para a técnica de escrita de melodias em bloco.

A seguir, no Quadro 3.15, listamos os recursos de que você, na condição de compositor(a), dispõe para elaborar uma composição musical considerando os conteúdos abordados neste capítulo.

Quadro 3.15 – Lista de recursos do compositor

Harmonia	Progressões de acordes
	Substituição de acordes
	Cadências
	Modulação
Melodia/harmonia	Notas estranhas ao acorde
	Melodia a partir da harmonia
	Harmonização de melodias
	Análise melódica
	Polifonia: contracanto ativo e passivo
	Homofonia: escrita em bloco a duas e três vozes

Síntese

Neste capítulo, discorremos sobre os acordes e seus intervalos, enfatizando que, na perspectiva da harmonia funcional, eles promovem um movimento de afastamento ou de aproximação em relação a uma situação de estabilidade – o centro tonal. Destacamos que as progressões de acordes revelam esse movimento e que podem ser alteradas por meio de substituições de acordes com a mesma função tonal. Em razão disso, abordamos as diferentes cadências que podem marcar finalizações de frases melódicas e várias maneiras de proceder à modulação para outras tonalidades.

Por meio das reflexões relacionadas aos acordes, vimos que a harmonia pode colaborar na criação e harmonização de melodias, evidenciando que na melodia há notas que estão presentes nos acordes, bem como notas que lhes são estranhas. Com base nessas definições, demonstramos que o compositor pode criar materiais que contribuam para a elaboração de músicas homofônicas – como a melodia acompanhada e a melodia em bloco a duas e três vozes – e polifônicas – a exemplo da elaboração de contracantos para o preenchimento dos momentos em que a melodia principal se torna menos ativa ou funciona como suporte harmônico da melodia principal.

Por fim, descrevemos a utilização dos procedimentos para a elaboração harmônica e a composição de contracantos e melodias em bloco a duas e três vozes, sugerindo repertórios para apreciação e apresentando uma lista dos recursos do compositor com base no que comentamos no decorrer do capítulo.

Atividades de autoavaliação

1. A respeito dos acordes, é correto afirmar que:
   a) aqueles que têm função de tônica, dominante e subdominante de uma escala maior fazem parte do campo harmônico maior.
   b) aqueles formados sobre os graus IV e V têm função de tônica e dominante.
   c) aqueles formados sobre os graus III e VI têm uma identidade com aquele formado sobre o grau V.
   d) aqueles formados sobre os graus I e VII soam mais fortemente como subdominante e dominante, respectivamente.
   e) o campo harmônico maior delimita o conjunto de melodias formadas sobre cada grau da escala.

2. Considerando os tipos de acordes apresentados neste capítulo, assinale V para as proposições verdadeiras e F para as falsas.
   ( ) Nas tonalidades maiores, a tríade que forma o acorde perfeito maior ocorre nos graus I, IV e V.
   ( ) Nas tonalidades maiores, a tétrade que forma o acorde menor com sétima menor ocorre nos graus II, III e VI.
   ( ) Nas tonalidades menores, a tétrade que forma o acorde com quinta aumentada e sétima maior ocorre no grau III das escalas harmônica e melódica.
   ( ) nas tonalidades menores, a tríade que forma o acorde perfeito menor ocorre somente no grau I das escalas natural, harmônica e melódica.

Agora, assinale a alternativa que corresponde à sequência correta de preenchimento dos parênteses, de cima para baixo:

a) F, F, V, F.
b) V, V, V, F.
c) F, V, F, V.
d) F, F, V, V.
e) V, F, V, V.

3. A respeito das cadências, é correto afirmar que:
   a) a dita *perfeita* é conclusiva e formada por acorde(s) com função de dominante precedido(s) por quaisquer graus diferentes da dominante.
   b) a chamada *imperfeita* não é conclusiva e envolve um encadeamento com acorde com função de dominante seguido pela tônica.
   c) a denominada *plagal* abarca acordes com função de dominante que resolvem na tônica.
   d) dão a sensação de conclusão ou suspensão musical.
   e) a chamada *interrompida* não é conclusiva e ocorre quando o encadeamento é formado por acorde(s) com função de dominante precedido(s) por quaisquer graus diferentes da dominante.

4. Com base nos diversos procedimentos para a elaboração de melodias discutidos neste capítulo, assinale V para as proposições verdadeiras e F para as falsas.
   ( ) Não é possível criar uma melodia utilizando somente notas do acorde.
   ( ) As melodias criadas de maneira intuitiva não soam bem.
   ( ) As notas estranhas ao acorde podem ser utilizadas para compor melodias.
   ( ) Ao deixar a nota de uma melodia por grau conjunto e retornar com um salto, o compositor faz uma apojatura.

   Agora, assinale a alternativa que corresponde à sequência correta de preenchimento dos parênteses, de cima para baixo:
   a) F, F, V, F.
   b) V, V, V, F.
   c) F, V, F, V.
   d) F, F, V, V.
   e) V, F, V, V.

5. A respeito da homofonia e da polifonia, é correto afirmar que:
   a) a melodia acompanhada é um tipo de polifonia.
   b) o contraponto está associado à polifonia.
   c) melodias independentes e sobrepostas estão associadas à ideia de homofonia.
   d) a melodia sem acompanhamento é um tipo de polifonia.
   e) os contracantos estão associados à ideia de homofonia.

Atividades de aprendizagem

Questão para reflexão

1. Leia atentamente esta citação do compositor Arnold Schoenberg (1991, p. 30):

    O acréscimo de notas, não pertencentes aos acordes, contribui para a fluência e para o interesse da frase, desde que elas não obscureçam ou contrariem a harmonia. As várias "fórmulas convencionais" de resolução destes tipos de notas (notas de passagem, notas auxiliares, notas alteradas, retardos, appoggiaturas etc.) auxiliam na clareza harmônica.

    Como as notas estranhas ao acorde podem obscurecer e contrariar a harmonia? O que o compositor quis dizer ao afirmar que as "fórmulas convencionais" de resolução das notas não pertencentes ao acorde auxiliam na clareza harmônica? Reflita sobre isso.

Atividade aplicada: prática

1. Elabore uma progressão de acordes com, ao menos, dois tipos de cadências diferentes. Depois, crie uma melodia somente com as notas desses acordes. Em seguida, desenvolva a melodia inserindo notas estranhas ao acorde. Para finalizar, componha um contracanto para a melodia.

Capítulo 4
COMBINAÇÕES SONORAS

Neste capítulo, abordaremos algumas combinações sonoras levando em consideração o timbre dos instrumentos musicais e diferentes texturas que interferem no modo como o compositor "tece" os sons em uma música. Para isso, inicialmente trataremos das fontes responsáveis pela geração de som nos instrumentos musicais, esclarecendo que os harmônicos gerados por tais fontes participam na constituição do timbre de cada instrumento. Na sequência, enfocaremos os grupos instrumentais sob o viés da utilização e combinação de seus timbres, destacando as especificidades dos instrumentos transpositores. Apontaremos, também, algumas possibilidades de instrumentação e orquestração de texturas homofônicas e polifônicas. Em seguida, apresentaremos algumas sugestões de uso dos recursos composicionais e de repertórios relacionados ao assunto tratado.

4.1 Fontes sonoras

É possível compor utilizando quaisquer sons, incluindo aqueles produzidos pela natureza, por instrumentos musicais acústicos ou gerados por sintetizadores ou por qualquer outro meio. São infinitas as possibilidades sonoras para o compositor criar sua música; no entanto, neste momento nos concentraremos nos instrumentos musicais.

Um instrumento, como a palavra sugere, é um objeto que serve para executar alguma ação, um trabalho. Portanto, trata-se de um meio para se chegar a determinado fim. No caso do **instrumento musical**, ele está a serviço do músico, para tocar música. Por essa razão, suas características estão atreladas a esse fim, sendo a principal delas a possibilidade de ter diferentes fontes geradoras de som. Por exemplo, os instrumentos de cordas têm uma ou várias cordas vibrantes como fonte geradora. Já os instrumentos de sopro produzem som a partir de um tubo sonoro, fechado ou aberto, em cujo interior há uma coluna de ar em vibração.

É interessante pensar que o aparelho fonador humano, que produz o som da voz humana, também dispõe de um tubo sonoro: a traqueia. Segundo Vasconcelos (2002), *grosso modo*, quando cantamos, o diafragma pressiona o ar armazenado nos pulmões, que percorre a traqueia, passando pela laringe, pelo nariz e pela boca (localizados na parte superior da traqueia). As cordas vocais estão presas às cartilagens da laringe e vibram quando o ar passa em direção à saída para o exterior (nariz e boca). Analogamente a alguns instrumentos de sopro, a traqueia seria um tubo sonoro aberto, com uma coluna de ar vibrante em seu interior – fonte sonora que possibilita a geração de som quando cantamos.

Nos instrumentos de percussão – por exemplo, os diferentes tipos de tambores –, o som é gerado pela vibração de uma membrana tensionada, percutida com as mãos ou com o uso de um objeto auxiliar (uma baqueta). Há outros instrumentos de percussão que não geram sons com alturas definidas, como os pratos de uma bateria ou aqueles utilizados na orquestra. Nesse caso, o que é posto em vibração é o corpo do instrumento, o que gera o som.

No caso dos instrumentos eletrônicos, como o sintetizador, seu interesse para a composição musical está na possibilidade de criação de sons diferentes por meio da manipulação de várias formas de ondas elétricas. A ideia básica é que a sobreposição de duas ondas elétricas gera uma terceira com características próprias e que é, por assim dizer, a síntese das outras duas. Nesses equipamentos, a onda sonora pode ser modificada, criando-se efeitos diferenciados (o sintetizador produz sons gerados artificialmente). É razoável afirmar que tanto o órgão eletrônico quanto o teclado são tipos simplificados de sintetizadores.

As propriedades físicas dos sons – altura, duração, intensidade e timbre – estão relacionadas com o movimento vibratório produzido pelas fontes sonoras: a **altura** está associada à frequência de vibração; a **duração**, ao tempo de vibração; a **intensidade**, à maior ou menor energia transferida para que inicie o movimento vibratório; e o **timbre**, aos sons harmônicos resultantes do movimento vibratório. Detalharemos cada uma dessas propriedades a seguir.

4.2 Timbre

No Capítulo 2, explicamos que a série harmônica retrata os diferentes sons e intervalos produzidos a partir de um único som gerador. Em outras palavras, ao produzirmos um som em um instrumento musical acústico, geramos vários outros sons menos intensos do que o som gerador. Isso significa que esse som faz parte de um complexo sonoro composto de vários e diferentes sons.

O timbre consiste no fenômeno sonoro que resulta do comportamento de diferentes parâmetros do som inter-relacionados, como altura, duração e intensidade. É o comportamento dos sons fundamentais e dos harmônicos – com suas diferentes frequências e intensidades relativas (umas mais perceptíveis que outras), percebidas com o decorrer do tempo – que influencia a forma como percebemos o timbre e identificamos uma fonte sonora ou, no caso da música, um instrumento específico. Além disso, é a permanência de determinadas características em diferentes registros (alturas) que reúne, por familiaridade, sonoridades que identificam o som característico produzido por um instrumento.

Observe, a seguir, a diferença entre os gráficos que retratam a amplitude dos harmônicos em relação a um mesmo som (uma mesma nota musical) executado por uma viola e por um trombone tenor. Vale destacar que os diferentes harmônicos, que surgem quando um som acústico de altura definida é produzido por um instrumento, podem ser indicados numericamente de acordo com seu surgimento (números de ordem); no gráfico, eles estão dispostos no eixo horizontal. O eixo vertical indica a amplitude associada a tais harmônicos.

Gráfico 4.1 – Espectros harmônicos

Espectros harmônicos [...]: (a), (b) e (c) = viola tocando o A4; (d), (e) e (f) = trombone tenor tocando a mesma nota.

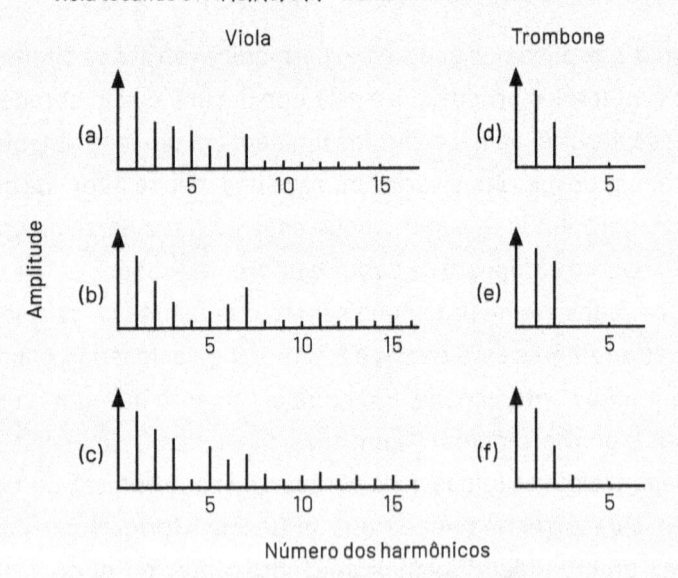

[Cf. Campbell & Greated, "3. Anatomy of a Musical Note", p. 144] © OUP

Fonte: Menezes, 2003, p. 203.

Como se pode observar nos gráficos, diferentes harmônicos ganham destaque quando um mesmo som de altura definida é produzido pela viola e pelo trombone tenor. *Grosso modo*, em relação ao conjunto sonoro (junção de som fundamental e sons harmônicos), dois instrumentos musicais diferentes tocando a mesma nota produzem amplitudes diversas de um mesmo som harmônico. Isso explica o fato de reconhecermos a altura de um mesmo som executado na viola e no trombone tenor, porém percebermos tal som com timbres diferentes.

O timbre pode ter importância decisiva na composição. Como mencionado no Capítulo 2, o compositor Arnold Schoenberg introduziu na música a noção de **melodia de timbres** (*Klangfarbenmelodie*). O exemplo a seguir é uma partitura reduzida, extraída dos quatro primeiros compassos de *Cinco peças para orquestra, Op.16, III – Manhã de verão perto de um lago (Cores)*, de Schoenberg.

Partitura 4.1 – Melodia de timbres (*Klangfarbenmelodie*)

Fonte: Schoenberg, citado por Kostka, 2006, p. 233.

Repare que, nesse trecho, há uma sucessão de timbres equivalente a uma sucessão de alturas em uma melodia. O conhecimento do timbre dos diferentes instrumentos utilizados na música foi fundamental para a elaboração dessa composição. Do mesmo modo, é importante para o compositor conhecer e reconhecer os timbres dos diferentes instrumentos musicais. Afinal, guardar na memória o som característico dos instrumentos o auxilia quando da concepção de uma música ou arranjo musical. Vale ressaltar aqui que a matéria-prima da música é o som e, quanto maior for o leque de opções sonoras, maiores serão as possibilidades criativas do compositor.

4.3 Texturas

Comumente se faz uma analogia entre a trama estabelecida pelo compositor com diferentes vozes de uma música e a maneira como são enlaçados os fios de um tecido. A textura, tradicionalmente, refere-se ao "sistema de combinação de vozes em uma determinada peça" (Dourado, 2004, p. 331). Sob esse aspecto, a textura pode ser:

- **monofônica**, quando há somente uma melodia;
- **homofônica**, quando se verifica uma **escrita acordal**[1] ou há somente uma melodia principal acompanhada por acordes;
- **polifônica**, quando há várias linhas melódicas relativamente independentes, sobrepostas e combinadas entre si.

A seguir, apresentamos um trecho de *Veni Creator Spiritus*, cantochão datado do século IX que é um exemplo de textura monofônica.

...
1   Segundo Dourado (2004), a música de escrita acordal (elaborada por meio de acordes), como os corais de tradição protestante, também se encaixa nessa categoria.

Partitura 4.2 – Textura monofônica

Ve-ni Cre - a - tor... Spi-ri-tus, Men-tes tu - o - rum vi-si-ta: Im-ple - su - per - na... gra-ti-a Quae tu cre - as - ti... pec-to-ra.

Fonte: Bennett, 1994, p. 42

Importante!

Bennett (1994) usa o termo *tessitura* em vez de *textura* – o que faz sentido, pois *tessitura*, em italiano, está associado à tecelagem, à textura dos tecidos. Aqui, preferimos utilizar *textura* para diferenciarmos de *tessitura*, que diz respeito a um conjunto de notas frequentemente mais utilizadas (que soam bem), executadas por um tipo de voz ou instrumento.

Agora, compare esse trecho com o início do *Prelúdio para piano em Mi menor, Op. 28, n. 4*, de Frédéric Chopin (1810-1849).

Partitura 4.3 – Textura homofônica: exemplo I

Fonte: Bennett, 1994, p. 43.

Perceba que, nesse caso, a melodia é executada pelo pianista com a mão direita, e o acompanhamento harmônico é feito pela mão esquerda. Trata-se de um exemplo muito claro de homofonia – no caso, uma melodia acompanhada.

Observe, a seguir, outro exemplo de música homofônica.

Partitura 4.4 – Textura homofônica: exemplo II

Fonte: Bach, 1725.

Esse é um trecho de uma cantata coral, intitulada *Ach Gott, wie manches Herzeleid*, BWV 3, de Johann Sebastian Bach. Note que a composição é de escrita acordal, isto é, elaborada com base em acordes.

A seguir, veja outro trecho musical, agora com textura polifônica.

Partitura 4.5 – Textura polifônica

Fonte: Bennett, 1994, p. 42.

Esse é o início do movimento andante do *Concerto de Brandenburgo n. 2 em Fá Maior, BWV 1047*, também de Bach. Repare que, apesar de as melodias terem ligação estrutural entre si, elas seguem de forma independente umas das outras.

É possível haver diferentes texturas em uma mesma obra musical. O compositor pode se utilizar de texturas variadas para a criação de contrastes entre um trecho e outro, entre seções ou movimentos. No entanto, no século XX, o conceito de textura foi ampliado, pois, em algumas obras, tornou-se difícil analisar a textura com base em melodias (independentes ou não). De acordo com Kostka (2006), há algumas outras opções, como as texturas compostas (*compound textures*), as do tipo pontilhista e a massa sonora.

A **textura composta** pode ser observada no trecho a seguir, extraído dos *Prelúdios, Livro I, L117 "Voiles"*, de Claude Debussy (1862-1918).

Partitura 4.6 – Textura composta

Fonte: Kostka, 2006, p. 237.

Note que não há melodia acompanhada nem escrita acordal ou melodias independentes sobrepostas. Há uma melodia no registro agudo iniciando no terceiro compasso (compasso 50 da obra), um *glissando* na região média que se repete, funcionando como um *ostinato*, e um pedal (Sib) na região grave. Todos esses elementos formam a textura do trecho.

A **textura do tipo pontilhista** pode ser observada no excerto a seguir, extraído da *Sinfonia, Op. 21*, de Anton Webern (1883-1945).

Partitura 4.7 – Textura pontilhista

Fonte: Kostka, 2006, p. 40.

Observe que os sons são como pontos espalhados durante a vigência desse trecho da música. Os compositores costumam também associar diferentes timbres a tais "pontos sonoros".

No trecho apresentado na sequência, extraído do *Lamento, para tuba e piano*, de Sofia Gubaidulina (1931-), consta um exemplo de **massa sonora**.

Partitura 4.8 – Massa sonora

Fonte: Kostka, 2006, p. 60.

Há uma melodia que a tuba executa no primeiro e segundo compassos do trecho. No piano, há os *clusters* (aglomerado de notas, com intervalo de 2ª maior ou menor entre elas). Além disso, há uma indicação de execução das notas pela mão esquerda – a barra –, o que significa que o pianista deve executar todas as notas do piano localizadas entre as duas notas da ponta da barra (incluindo estas). É possível depreender que a compositora imaginou uma textura muito densa (com muitas notas soando ao mesmo tempo) para o piano. O resultado disso é uma massa sonora que se modifica a cada tempo do compasso.

Em algumas músicas do século XX, não se percebe a preocupação quanto à elaboração melódica com vistas à estruturação da música, independentemente de esta ocorrer por meio de variações, repetições ou contrastes entre melodias. Em muitos casos, a melodia é até dispensável – sendo determinante a textura imaginada pelo compositor –, o que pode ser identificado como **forma primária determinante** (Kostka, 2006), ou seja, a textura direciona a forma musical. Um exemplo disso é o primeiro movimento da *Collage on B-A-C-H*, de Arvo Pärt (1935-). O movimento é estruturado na forma

ABCB, isto é, há três propostas texturais contrastantes entre si (ABC), sendo a segunda (B) repetida no final. No início da seção A, o compositor criou uma textura que repete a tríade de Bb (Si bemol Maior), com variação dinâmica (Partitura 4.9).

Partitura 4.9 – Textura como forma primária determinante (*Collage on B-A-C-H*, seção A)

Fonte: Kostka, 2006, p. 153.

Na seção B, há notas repetidas, mas o resultado é mais dissonante do que na seção A.

Partitura 4.10 – Textura como forma primária determinante (*Collage on B-A-C-H*, seção B)

Fonte: Kostka, 2006, p. 153.

Na seção C, também há notas repetidas resultando em dissonância, mas há o *staccato* das violas e grupos de notas que se alternam, executadas em regiões de alturas diferentes.

Partitura 4.11 – Textura como forma primária determinante (*Collage on B-A-C-H*, seção C)

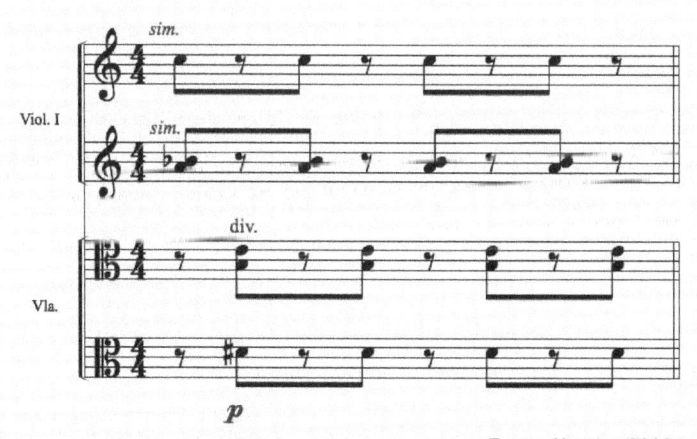

Fonte: Kostka, 2006, p. 153.

A música depois retorna para a seção B, terminando em p, com um acorde de Si menor. Esse exemplo corrobora o que afirmamos no início do Capítulo 1 sobre a utilização de procedimentos que envolvem variação, repetição e contraste. Isso também se aplica à concepção de diferentes texturas e sua utilização em trechos ou em seções inteiras de uma música.

4.4 Pequenos e grandes grupos instrumentais

O compositor escreve uma música para ser executada por ele mesmo ou por intérpretes, sejam eles instrumentistas ou cantores[2]. Escrever música e destiná-la a diferentes instrumentos e cantores é um trabalho de **instrumentação**, que envolve o conhecimento necessário para que a execução da música seja viabilizada na formação vocal e/ou instrumental que o compositor imaginou. Muitos profissionais escrevem sua música no piano, por exemplo, e depois procedem à instrumentação. Outros, porém, fazem isso simultaneamente, isto é, compõem já designando o que cada instrumento deve executar.

Para realizar a instrumentação, além de guardar na memória o som do instrumento, o compositor tem de conhecer suas possibilidades técnicas. Não adianta imaginar o som do oboé tocando um conjunto de notas que não faz parte daquelas possíveis de serem executadas no instrumento, isto é, que não compõem sua **extensão**. Outrossim, é importante saber qual é o conjunto de notas que estão

...
2   Os diferentes naipes vocais serão abordados no próximo capítulo.

contidas na extensão do instrumento e que são frequentemente utilizadas, que soam bem, ou seja, é preciso conhecer sua **tessitura**.

Não é nosso objetivo, neste livro, descrever os diferentes instrumentos e suas possibilidades técnicas e de uso na composição. Para isso, o compositor geralmente consulta um instrumentista ou um bom manual de instrumentação ou orquestração[3]. No entanto, ao conceber música para determinada formação instrumental, o compositor deve ter em mente que, para alguns instrumentos, há uma diferença entre o som de uma nota escrita na partitura e o som real dessa nota executada pelo instrumento. Por exemplo, quando o compositor escreve na pauta a nota Lá para ser tocada num trompete em Sib, ele sabe que o som real que será emitido é aquele situado em um intervalo de 2ª maior abaixo do que está escrito na pauta, isto é, um Sol. Portanto, para obter o som real da nota Lá executada por um trompete em Sib, o compositor deve escrever na pauta a nota Si, ou seja, uma 2ª maior acima.

Vários instrumentos guardam essa mesma característica, fazendo a nota real soar diferente da nota escrita. Tais instrumentos são chamados de **transpositores**. Quando da instrumentação de sua música, o compositor tem de interpretar esse fato da seguinte maneira: se o som executado por um instrumento soa um determinado intervalo abaixo do que está escrito na pauta, é preciso escrevê-lo considerando esse mesmo intervalo acima e vice-versa. Portanto, para instrumentos transpositores, há que se levar em conta a diferença intervalar entre a nota escrita e o som real. Com exceção do intervalo de 8ª justa, quando são transpostas as notas de uma melodia com base em determinado intervalo, há a mudança

---
[3] A orquestração diz respeito à instrumentação voltada para os instrumentos comumente utilizados na orquestra.

de tonalidade. Listamos, no Quadro 4.1, alguns instrumentos transpositores e indicamos como deve ser feita sua transposição.

Quadro 4.1 – Realização da transposição em alguns instrumentos

No instrumento...	da família das/dos...	em relação à nota escrita na pauta, o som real emitido é uma...	Portanto, tudo o que o compositor escrever para esse instrumento deve ser escrito uma...
Bugle alto em Mib	metais	6ª maior abaixo	**6ª maior acima**
Bugle barítono em Sib	metais	9ª maior abaixo	**9ª maior acima**
Clarinete em Sib	madeiras	2ª maior abaixo	**2ª maior acima**
Clarone em Sib	madeiras	9ª maior abaixo	**9ª maior acima**
Corne-inglês em Fá	madeiras	5ª justa abaixo	**5ª justa acima**
Flauta em Sol	madeiras	4ª justa abaixo	**4ª justa acima**
Flugelhorn em Sib	metais	2ª maior abaixo	**2ª maior acima**
Requinta em Mib	madeiras	3ª menor acima	**3ª menor abaixo**
Sax alto em Mib	madeiras	6ª maior abaixo	**6ª maior acima**
Sax barítono em Mib	madeiras	8ª + 6ª maior abaixo	**8ª + 6ª maior acima**
Sax soprano em Sib	madeiras	2ª maior abaixo	**2ª maior acima**
Sax tenor em Sib	madeiras	9ª maior abaixo	**9ª maior acima**
Trompa em Fá	metais	5ª justa abaixo	**5ª justa acima**
Trompete em Sib	metais	2ª maior abaixo	**2ª maior acima**

Há instrumentos que não são considerados transpositores, pois, apesar de o som real soar oitava abaixo ou acima da nota escrita na partitura, quando efetuada a transposição, não há mudança da tonalidade original. Confira, no Quadro 4.2, alguns exemplos.

Quadro 4.2 - Alguns instrumentos que não são considerados transpositores

Instrumento	Família	Som real (em relação ao que está escrito na partitura)
Celesta	percussão	8ª acima
Contrabaixo	cordas	8ª abaixo
Contrafagote	madeiras	8ª abaixo
Flauta baixo	madeiras	8ª abaixo
Flauta doce com baixo em Fá	madeiras	8ª abaixo
Flauta doce sopranino em Fá	madeiras	8ª acima
Flauta doce soprano em Dó	madeiras	8ª acima
Flautim em Dó	madeiras	8ª acima
Guitarra	cordas	8ª abaixo
Vibrafone	percussão	8ª abaixo
Violão	cordas	8ª abaixo
Xilofone	percussão	8ª acima

Para escrever uma melodia a ser executada em um instrumento transpositor, deve-se:

- verificar qual é o instrumento transpositor e qual intervalo (acima ou abaixo) se deve considerar para escrever para o instrumento (conforme o Quadro 4.1);
- identificar na melodia a tonalidade do trecho e a armadura de clave correlata;
- a partir da nota que representa a tônica da escala da melodia original, descobrir a próxima nota tônica da nova tonalidade, considerando-se o intervalo obtido anteriormente; para isso,

deve-se inserir os acidentes da nova tonalidade na armadura de clave, sabendo-se que o modo (maior ou menor) da tonalidade original não muda;
- reescrever todas as notas da melodia original, transpondo-as de acordo com o intervalo obtido anteriormente, devendo-se atentar aos acidentes que ocorrem na melodia, mas que não constam na armadura de clave.

Consideremos, por exemplo, uma melodia escrita na tonalidade de Sol Maior, portanto, com 1# na armadura de clave. A intenção é escrevê-la para um instrumento transpositor: o trompete em Sib. Nesse caso, a melodia a ser transposta deve ser reescrita uma 2ª maior acima (conforme mostra o Quadro 4.1).

Na escala de Sol Maior, a tônica é a nota Sol. Partindo-se dessa nota e percorrendo-se uma 2ª maior acima, chega-se à nota Lá. A tonalidade em que a melodia deve ser reescrita é Lá Maior, com três sustenidos na armadura de clave.

Depois de ajustar a armadura de clave de Sol Maior para Lá Maior, deve-se transpor cada nota da melodia original, considerando-se o intervalo de uma 2ª maior acima (atentando-se para as notas alteradas da melodia original cujos acidentes não constam na armadura de clave). Essa melodia transposta e escrita agora em Lá Maior, quando executada pelo trompetista, soará na tonalidade de Sol Maior.

No Quadro 4.3, a seguir, estão elencados alguns instrumentos cujo som real é igual ao que está escrito na partitura.

Quadro 4.3 – Instrumentos não transpositores

Instrumentos não transpositores	Família
Acordeão	aerofone de teclas
Bandolim	cordas
Banjo tenor	cordas
Cavaquinho	cordas
Fagote	madeiras
Flauta transversal (ou em Dó)	madeiras
Flauta doce alto em Fá[1]	madeiras
Flauta doce tenor em Dó	madeiras
Harpa	cordas
Oboé	madeiras
Órgão	aerofone de teclas
Piano	percussão
Tímpano	percussão
Trombone	metais
Trombone baixo	metais
Tuba em Dó	metais
Viola	cordas
Violino	cordas
Violoncelo	cordas

[1] Nota: Apesar de ser em Fá, esse instrumento não é transpositor.

Para além dessas questões, há diferenças entre compor para um instrumento solo, um conjunto de câmara ou uma orquestra sinfônica. Ciente dessas diferenças, o compositor concebe sua criação de acordo com a formação para a qual a música se destina. Sob essa ótica, a seguir, abordaremos os instrumentos de forma conjunta. Para isso, adotaremos a categorização das formações orquestrais que geralmente se usa nos manuais de instrumentação – cordas, madeiras, metais e percussão.

Quando se escreve música para vários instrumentos, é imprescindível levar em consideração a quantidade de instrumentos e as peculiaridades de cada um deles – timbre, extensão, possibilidades técnicas, entre outras –, mas não somente isso. Também é importante verificar como as especificidades de cada instrumento podem contribuir para o bom resultado sonoro do conjunto.

Inicialmente, um aspecto a destacar é que a quantidade de instrumentos influencia no resultado sonoro de uma obra. Por exemplo, considere um acorde de Dó Maior (Dó-Mi-Sol) sendo executado por um trio de cordas – como violino, viola e violoncelo – e a mesma tríade sendo tocada por uma orquestra de cordas. O resultado sonoro é totalmente diferente. Esse acorde executado pela orquestra soa muito mais "cheio" do que aquele feito pelo trio. Além disso, em um conjunto de câmara, com poucos instrumentos, as diferenças de afinação (ou suas oscilações) ficam mais evidentes. Em uma orquestra, os pequenos deslizes são encobertos pela massa sonora orquestral.

Grosso modo, um grupo menor abre espaço para uma atuação mais virtuosística dos músicos. Por exemplo, ao compor para um trio de *jazz* – com piano, contrabaixo e bateria –, é interessante pensar nos integrantes como três solistas, que podem explorar seus instrumentos de forma mais ampla durante a música. Agora imagine como seria compor para uma orquestra, com dezenas de músicos, considerando cada um deles como solista! No caso da orquestra, normalmente, as passagens virtuosísticas são destinadas a determinados instrumentos solistas, em momentos específicos da música ou em formas musicais cujo objetivo é explorar amplamente as possibilidades técnicas de determinado instrumento, como no caso dos concertos para piano.

Concomitantemente com a quantidade de instrumentos, outro dado importante é a intensidade sonora de execução de um som que alguns instrumentos naturalmente apresentam em relação a outros. Uma música composta para um quarteto formado por tuba, trombone, trompete e violão demandaria uma atenção toda especial do compositor, pois os metais soam muito mais fortes que o violão. Uma solução poderia ser talvez amplificar o som do violão. No caso de uma orquestra, a quantidade de instrumentos de cordas em relação aos metais favorece o equilíbrio entre esses dois grupos ou naipes (cordas e metais).

A quantidade de instrumentos e a intensidade sonora de execução característica de cada instrumento são dados que não estão dissociados e não devem ser ignorados pelo compositor. Nesse sentido, para dar a sensação clara de crescendo em uma música, é comum ir aumentando progressivamente o número de instrumentos. Mesmo assim, em uma orquestra, por exemplo, a entrada dos metais pode encobrir o som das madeiras se elas estiverem tocando as mesmas notas. Nesse caso, uma alternativa de integração entre os dois naipes seria as madeiras reforçarem (ou destacarem) alguns sons harmônicos superiores[4] gerados por uma nota ou por um acorde executado em conjunto pelos metais. Outra possibilidade para equi-

...
4   Conforme a série harmônica, estudada anteriormente.

librar a intensidade sonora entre metais e madeiras seria o uso de surdinas pelos metais.

Quantidade e intensidade, portanto, conduzem a outro fator de relevo: o equilíbrio. No caso dos acordes formados por instrumentos de mesma família ou de famílias diferentes, o equilíbrio entre as intensidades sonoras com que as notas são executadas também é algo a ser destacado. É importante que se escutem claramente todas as notas de um acorde e de forma equânime, entendendo-se que a informação musical que importa é a do conjunto sonoro, e não a de algumas notas do acorde que se sobressaem. Nesse caso, o equilíbrio pode derivar da quantidade de instrumentos que executam uma mesma nota do acorde. Contudo, isoladamente, isso não garante que o resultado sonoro será equilibrado; é igualmente verdadeiro que um acorde executado por um conjunto formado por um mesmo tipo de instrumento não necessariamente soa equilibrado. Se esse conjunto executar um acorde com notas em registros diferentes do instrumento, o resultado pode não soar equilibrado, pois, dependendo do registro, o instrumento pode responder com maior ou menor intensidade sonora – como acontece com o oboé.

Outro aspecto a ser considerado com relação à composição para um conjunto de instrumentos concerne ao espaçamento entre as notas. A série harmônica evidencia (mais uma vez) que, nos registros graves, as notas mais espaçadas, isto é, os maiores intervalos (como a oitava e a quinta justa), soam melhor, mais naturais, em relação ao som fundamental. Na região grave, portanto, é preciso estar atento aos intervalos para que estes não soem imprecisos, confusos. A esse respeito, confira a Partitura 4.12, a seguir, que apresenta os limites normalmente utilizados para os intervalos harmônicos baixos, levando-se em consideração que os sons graves são aqueles que se localizam abaixo da nota Fá2.

Partitura 4.12 – Limites para intervalos harmônicos na região grave

Fonte: Herrera, 1995, p. 165.

Perceba que os intervalos de oitava e quinta justa (os primeiros intervalos obtidos na série harmônica) podem ser utilizados em regiões bem graves. Um aspecto a ser considerado quando se dispõem as notas de um acorde na região grave é a **fundamental implícita** do acorde. Por exemplo, com base em Herrera (1995, p. 166-168), observe os acordes da Partitura 4.13.

Partitura 4.13 – Fundamental implícita do acorde

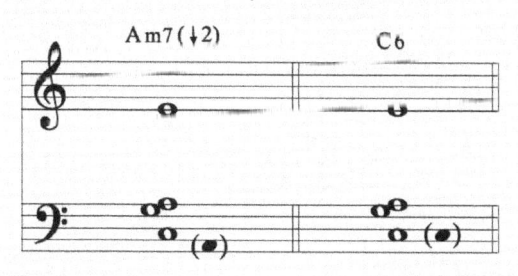

Fonte: Herrera, 1995, p. 166-167.

No primeiro caso, com base na disposição das notas do acorde de Am7, não há problemas entre o Dó e o Sol (intervalo de quinta). No entanto, caso se deseje que o acorde soe como Am7, será preciso contar com um contrabaixo ou outro instrumento executando a fundamental (nota Lá entre parênteses) – o que resulta em um intervalo de 3ª menor abaixo do limite permitido (observe a Partitura 4.12). Porém, se entendermos essa mesma disposição de notas como um acorde de C6 (Partitura 4.13), não há problemas com o intervalo de quinta justa na região grave. No caso das inversões de acorde, o raciocínio é o mesmo, porém é preciso estar atento não à nota fundamental implícita, mas à nota da inversão que deveria estar no baixo – 3ª, 5ª ou 7ª do acorde.

O limite dos intervalos harmônicos baixos deve ser considerado entre quaisquer notas do acorde na região grave e entre estas e a fundamental implícita. No exemplo a seguir (Partitura 4.14), há problemas em relação ao limite do intervalo baixo entre a segunda e a quarta vozes e entre a segunda e a terceira.

Partitura 4.14 – Exemplo de acorde com problemas em relação ao limite do intervalo baixo

Fonte: Herrera, 1995, p. 167.

É provável que você, leitor(a), tenha inferido que a análise e a manipulação de intervalos permeiam todo o trabalho de composição. Eles estão presentes, inclusive, na orquestração de melodias, por exemplo. Mais adiante, e com base em Piston (1984), indicaremos algumas alternativas para orquestrá-las considerando texturas homofônicas e polifônicas tradicionais.

Suponhamos que um compositor já tenha escrito na pauta uma melodia com todas as informações necessárias: andamento, compasso, tonalidade (armadura de clave) e dinâmica. Primeiramente, ele deve imaginar essa melodia sendo executada por um instrumento que contenha um timbre que lhe agrade. Se não tiver nenhum em mente, é recomendável ouvir gravações de alguns dos diferentes instrumentos citados anteriormente, para ter uma ideia de como sua melodia soaria ao ser tocada por alguns deles.

Depois de escolher o instrumento, ele precisa levar em consideração certos detalhes. Se não souber ou não tiver informações mais precisas a respeito do funcionamento e de suas possibilidades técnicas e expressivas, o compositor deve pesquisar sobre isso (os manuais de instrumentação e orquestração são muito úteis nessa tarefa). Depois de verificar tais informações (inclusive se o instrumento é transpositor ou não), tem de decidir se a região de alturas (graves, médios ou agudos) na qual flui a melodia é adequada para a execução no instrumento de sua escolha. Para isso, precisa conferir se, no instrumento em questão, todas as notas que compõem a melodia são possíveis de serem executadas. Além disso, deve perceber se a melodia será executada em um registro do instrumento que soará bem ou se deverá transpor a melodia para outra tonalidade. Com base nessas informações, o compositor pode decidir entre manter o instrumento ou escolher outro para destinar a melodia.

> **Importante!**
>
> Na seção "Anexo", disposta ao final deste livro, há uma lista de instrumentos com dados sobre a extensão de cada um deles. Quando você estiver atuando ou se exercitando como compositor(a), consulte essa lista para identificar a extensão do instrumento que você tem em mente.

O processo inicial de escolha para a execução de uma melodia por dois ou mais instrumentos é o mesmo. A diferença reside no fato de que, quando o compositor faz sua melodia soar com mais de um instrumento, há a possibilidade de agregar diferentes timbres ou de aumentar a dinâmica do trecho. Já comentamos sobre a técnica de escrita em blocos (tema exposto no capítulo anterior), mas, para grandes formações, como a orquestral, o mais comum é executar a melodia em uníssono ou em oitavas. Porém, é necessário prestar atenção ao seguinte: a melodia em um instrumento mais grave (por exemplo, uma viola) não deve soar em uma região de alturas acima de um instrumento mais agudo (um violino, por exemplo). Obviamente, isso pode acontecer em algum momento e de forma intencional com vistas à obtenção de algum efeito, mas não é o usual. O natural é que os instrumentos mais agudos soem em regiões mais altas do que os mais graves.

Em todo caso, é preciso tomar cuidado com duplicações em uníssono utilizando instrumentos diferentes, principalmente as madeiras, pois o desempenho destas pode variar de acordo com o registro; um caso famoso (já mencionado) é o do oboé. Por essa razão, de modo geral, não é aconselhável utilizar dois instrumentos iguais do naipe das madeiras para dobrar uma melodia à oitava. Isso pode prejudicar o equilíbrio do som resultante. Para atenuar esse problema, é possível misturar duplicações à oitava e em uníssono usando instrumentos distintos.

Outro aspecto que deve ser levado em conta nos instrumentos de sopro – principalmente nos metais – é o tempo que o ar leva para percorrer o tubo, medido entre o momento em que o músico sopra no interior do instrumento e a obtenção do som. Em alguns instrumentos, o ar precisa percorrer um tubo de comprimento maior – como no caso da tuba, que é maior do que o trompete. Isso também pode ser atenuado por meio de duplicações em uníssono e da mistura de instrumentos que pertencem à seção de metais.

Ao misturar cordas, madeiras e metais, o primeiro desafio que "salta aos olhos" (ou "aos ouvidos") é a diferença entre as intensidades sonoras dos instrumentos (conforme já registramos). Para contornar isso, é possível utilizar os instrumentos com maior intensidade sonora no final de um crescendo, quando já se constata uma dinâmica musical meio forte (mf) ou forte (f).

A seguir, no Quadro 4.4, listamos algumas possibilidades de combinação de instrumentos em uma orquestração.

Quadro 4.4 – Sugestões de combinação de instrumentos em uma orquestração

	Naipes	Instrumentos	Observações
Duplicação	Cordas	Violinos em oitavas	Combinação comum
		Violinos e violas em oitavas	Muito presente no período clássico
		Violinos, violas e violoncelos em uníssono	Som rico, exuberante, muito presente no período romântico
		Violinos, violas e violoncelos em três oitavas	Caráter fluido e apaixonado, presente no período romântico
	Madeiras	Flauta e oboé em oitavas	Período clássico e posterior
		Clarinete e fagote em oitavas	Levemente denso e fluido
		Oboés e fagotes em oitavas	Boa combinação
		Flautas e clarinetes em oitavas	Muito comum a partir do período clássico
		Flauta e fagote separados por duas oitavas	Combinação muito utilizada por Mozart
		Flauta, clarinete e fagote oitavados	Penetrante, comum do período clássico em diante
	Cordas e madeiras	Cordas acrescidas de um instrumento de madeira	Combinação que fortalece o som das cordas
		Flautas e violinos em oitavas	Combinação em que predominam os violinos
	Metais	Trompetes e trompas em oitavas	Forte e brilhante

(continua)

(Quadro 4.4 - conclusão)

Naipes		Instrumentos	Observações
Duplicação	Metais e madeiras	Madeiras atuando como reforço dos harmônicos dos metais	Na dinâmica forte (f). Para efetuar o equilíbrio, as madeiras devem duplicar em grande quantidade
		Trompas e madeiras	Entre os metais, as trompas se misturam melhor com as madeiras
		Trompete e flauta; trompa e flauta, oboé ou clarinete	Combinação que soa bem na dinâmica piano (p)
		Tuba, trombone e trompa acrescidos de fagotes e clarinetes baixos	Nesse caso específico: madeiras duplicando o baixo com os metais
		Trompetes acrescidos de clarinete ou oboé em uníssono	Combinação que acrescenta peso sonoro, mas diminui o brilho do trompete
		Trompetes acrescidos de clarinetes e fagotes em uníssono	Combinação eficaz
		Tuba acrescida de clarinete baixo ou contrafagote	Boa combinação

Fonte: Elaborado com base em Piston, 1984; Rutter, 1982.

A seguir, pormenorizamos alguns exemplos de duplicação para orquestra.

Cordas

- **Melodia de referência**: primeiro tema do 1º movimento do *Concerto para piano de orquestra n. 3 em Ré menor, Op. 30*, de Sergei Rachmaninoff (1873-1943)

Partitura 4.15 – Melodia de referência

Fonte: Rachmaninoff, 2022.

- **Duplicando à oitava**

Partitura 4.16 – Duplicação à oitava

Nota: a escrita representa os sons reais.

- **Duplicando à dupla oitava**

Partitura 4.17 – Duplicação à dupla oitava

- **Duplicando, com a utilização das cordas em *divisi***

Partitura 4.18 – Duplicação com cordas em *divisi*

Madeiras

- **Melodia de referência**: primeiro tema do 1º movimento da *Sinfonia VI em Fá Maior, Op. 68*, de Ludwig van Beethoven

Partitura 4.19 – Melodia de referência

Fonte: Beethoven, 1989, p. 2.

- **Duplicando à oitava**

Partitura 4.20 – Duplicação à oitava: exemplo I

Partitura 4.21 – Duplicação à oitava: exemplo II

Partitura 4.22 – Duplicação à oitava: exemplo III

- **Duplicando a duas ou mais oitavas**

Partitura 4.23 – Duplicação a duas ou mais oitavas: exemplo I

Partitura 4.24 – Duplicação a duas ou mais oitavas: exemplo II

Nota: a escrita representa os sons reais.

Metais

- **Melodia de referência**: *Promenade*, "Quadros de uma exposição", de Modest Mussorgsky (1839-1881)

Partitura 4.25 – Melodia de referência

Fonte: Mussorgsky, 1918, p. 3.

- **Duplicando à oitava**

Partitura 4.26 – Duplicação à oitava: exemplo I

Partitura 4.27 – Duplicação à oitava: exemplo II

Partitura 4.28 – Duplicação à oitava: exemplo III

Partitura 4.29 – Duplicação à oitava: exemplo IV

Partitura 4.30 – Duplicação à oitava: exemplo V

- **Duplicando ao uníssono, à oitava e com timbres misturados**

Partitura 4.31 – Duplicação ao uníssono e à oitava, com timbres misturados: exemplo I

Partitura 4.32 – Duplicação ao uníssono e à oitava, com timbres misturados: exemplo II

Partitura 4.33 – Duplicação ao uníssono e à oitava, com timbres misturados: exemplo III

Cordas, madeiras e metais

- **Melodia de referência**: tema do último movimento da *Sonata para piano n. 11 em Lá Maior, KV 331*, a "Marcha Turca", de Wolfgang Amadeus Mozart

Partitura 4.34 – Melodia de referência

Fonte: Mozart, 1878, p. 126.

- **Duplicando ao uníssono e à oitava**

Partitura 4.35 – Duplicação ao uníssono e à oitava

Nota: a escrita representa os sons reais.

Além da melodia, outro aspecto de relevo na instrumentação ou orquestração é o **acompanhamento**, que dá suporte à melodia e pode ser diferenciado desta pela instrumentação – por exemplo, melodia nas cordas e acompanhamento nas madeiras e nos metais. É como se o acompanhamento compusesse o "clima", o "cenário" no qual a melodia se desenvolve. No entanto, a instrumentação de um acompanhamento instrumental envolve os acordes – e não é tão simples assim obter um bom resultado sonoro. Já mencionamos alguns desafios, como o equilíbrio entre vozes. Isso tem a ver com o registro dos instrumentos utilizados. Portanto, o equilíbrio entre os sons de um acorde só vale para alturas determinadas. Ao mudar as regiões de alturas nas quais as notas do acorde estão sendo executadas, pode-se alterar a maneira como o instrumento responde e, consequentemente, o resultado sonoro.

No caso da música tonal, Piston (1984, p. 472, tradução nossa) explica que é possível duplicar mais os graus tonais (tônica, dominante e subdominante), pois eles são, estruturalmente, "os mais importantes da tonalidade". Contudo, há que se considerar também o espaçamento entre as notas do acorde, pois, segundo o autor, os acordes fechados, com muitas notas, e executados com dinâmica forte tendem a ser estridentes – mas podem ser atenuados abrindo-se espaço para que os sons harmônicos soem como um acorde perfeito maior. Sobre os intervalos harmônicos na região grave, vale o que comentamos anteriormente.

A seguir, fornecemos alguns exemplos de melodia e acompanhamento para orquestra.

- **Melodia e acompanhamento de referência**: *Pavane em Fá sustenido menor, Op. 50*, de Gabriel Fauré (1845-1924)

Partitura 4.36 – Melodia e acompanhamento de referência

Fonte: Fauré, 2022.

- **Melodia e acompanhamento nas cordas**

Partitura 4.37 – Melodia e acompanhamento nas cordas

Nota: o contrabaixo soa 8ª abaixo do que está escrito.

- **Melodia nas madeiras e acompanhamento nas cordas**

Partitura 4.38 – Melodia nas madeiras e acompanhamento nas cordas

Nota: a escrita representa os sons reais.

- **Melodia nas cordas e acompanhamento nas madeiras**

Partitura 4.39 – Melodia nas cordas e acompanhamento nas madeiras

Nota: a escrita representa os sons reais.

- **Melodia e acompanhamento nas cordas, nas madeiras e nos metais**

Partitura 4.40 – Melodia e acompanhamento nas cordas, nas madeiras e nos metais

Nota: a escrita representa os sons reais.

Como mencionamos anteriormente, além da melodia acompanhada, a escrita acordal também pode ser considerada um tipo de homofonia. Tendo isso em mente, confira, na Partitura 4.41, um trecho de uma música em escrita acordal, de Bach.

Partitura 4.41 – Trecho do coral da cantata *Ein'feste Burg*, BWV 80, de Bach

Fonte: Piston, 1984, p. 479.

Agora, repare na orquestração realizada por Piston (1984) para cordas, madeiras e metais em separado e conjuntamente.

Partitura 4.42 – Orquestração para metais

Fonte: Piston, 1984, p. 480.

Partitura 4.43 – Orquestração para madeiras

Fonte: Piston, 1984, p. 480.

Partitura 4.44 – Orquestração para metais e madeiras, com o acréscimo das cordas

Nota: a escrita representa os sons reais.

Na sequência, analise um exemplo de orquestração de Piston (1984), também para orquestra, de uma música com melodias independentes (polifonia). O trecho foi extraído da *Arte da fuga*, BWV *1080*, de Bach.

Partitura 4.45 – Trecho de *Contrapunctus X*, a quatro partes, de Bach

Fonte: Piston, 1984, p. 482.

O mesmo trecho orquestrado para cordas, madeiras e metais pode ser examinado na partitura a seguir.

Partitura 4.46 – Orquestração do trecho para cordas, madeiras e metais

Fonte: Piston, 1984, p. 482.

Até aqui, não mencionamos os instrumentos de percussão. Na literatura especializada, há livros que tratam especificamente desses instrumentos. As possibilidades de uso são inúmeras: podem ser tocados individualmente ou associados uns aos outros. A bateria, por exemplo, é um conjunto de instrumentos de percussão formado por tambores e pratos.

Os instrumentos de percussão podem ser de altura definida ou indefinida. A seguir, no Quadro 4.5, estão listados alguns instrumentos de percussão utilizados na orquestra.

Quadro 4.5 – Instrumentos de percussão: altura definida e indefinida

Instrumentos de percussão	Altura
Bombo (*gran cassa*)	indefinida
Tantã	indefinida
Panderola (pandereta)	indefinida
Tímpanos	definida
Xilofone	definida
Vibrafone	definida
Celesta	definida

Um aspecto que merece ser ressaltado refere-se à notação desses instrumentos. Na escrita para os instrumentos de percussão de altura indefinida, geralmente se adota uma única linha com as indicações de andamento, fórmula de compasso, dinâmica, ritmo com acentos e outros detalhes referentes à execução do instrumento.

Partitura 4.47 – Exemplo de notação para bombo ou *gran cassa*

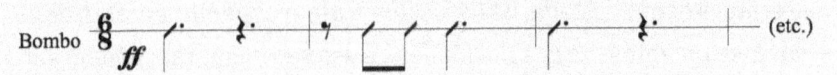

Fonte: Almada, 2000, p. 351.

Partitura 4.48 – Exemplo de notação para o tantã

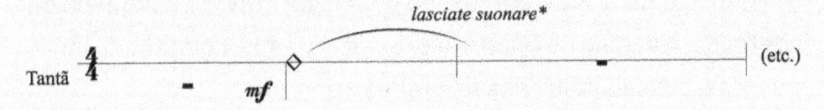

*Indicação de que o instrumentista deve deixar o tantã soar livremente.

Fonte: Almada, 2000, p. 352.

Partitura 4.49 – Exemplo de notação para a panderola

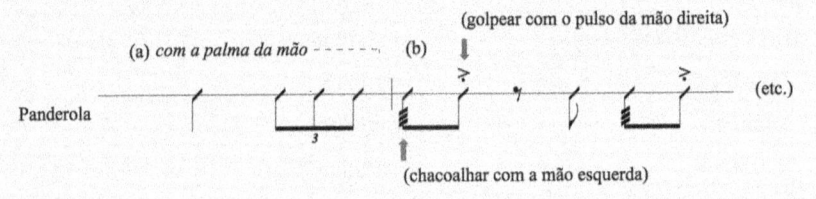

Fonte: Almada, 2000, p. 352.

Verifique, no Quadro 4.6, a seguir, outros instrumentos de percussão de altura indefinida selecionados por Guest (1996) e muito presentes na música brasileira.

Quadro 4.6 – Alguns instrumentos de percussão usados na música de tradição popular latino-americana

Instrumentos	Corpo vibrante			Meio de acionar			Fonte do ruído			Natureza do som			Descrição
	Pele	Madeira	Metal	Baqueta	Vareta	Mão	Batida	Fricção	Entrechoque	Seco	Ressonante	Sustentado	
Afoxé		x				x	x					x	coco pequeno com cabo, coberto por rede de contas
Agogô			x	x			x				x	x	duas campânulas de ferro
Atabaque	x					x	x				x	x	tambor alongado cônico ou cilíndrico
Berimbau		x		x			x	x			x	x	arco de madeira, corda de aço, cuia, caxixi, moeda
Bongô	x					x	x				x	x	um par de congas de tamanho reduzido
Bumbo ou bombo	x			x		x	x				x	x	é o maior dos tambores de duas peles, também de pedal
Caixa	x			x			x				x	x	tambor raso, com esteira de aço em um lado
Castanhola		x				x			x	x			um par de blocos de madeira circulares, presos por corda
Caxixi		x				x	x	x				x	chocalho de cesta, cônico, recheado de sementes ou pedras
Chocalho						x		x				x	cilindro de metal recheado de pedacinhos soltos de chumbo
Clave ou caixeta		x		x			x			x			bloco maciço de madeira com entalhe profundo
Coco		x			x		x		x	x			coco ou cabaça
Cowbell ou sino de boi			x	x	x	x	x				x	x	grande campânula de metal, com badalo
Cuíca	x				x		x					y	tambor cilíndrico de metal, pele em um lado, vibra por fio de tripa friccionada
Frigideira			x	x	x		x				x		frigideira pequena, percutida com vareta de ferro
Ganzá			x		x		x					x	chocalho grande
Gongo		x	x			x					x		prato grande, pendurado verticalmente em uma estante
Maraca		x				x		x				x	dois chocalhos de coco, recheados de sementes ou pedras
Pandeiro	x					x	x	x		x	x	x	pele sobre aro dotado de rodelinhas metálicas para chacoalhar
Prato		x	x			x	x	x		x			suspenso, de choque, de soquete ou de contratempo
Reco-reco		x			x			x				x	bambu entalhado transversalmente, vareta em sentido longitudinal
Repique	x			x	x					x	x		pequeno tambor surdo
Surdo	x			x			x				x	x	caixa funda com pele nos dois lados
Tamborim	x			x	x		x				x		pele sobre aro pequeno
Tarol	x			x			x				x	x	caixa pequena
Triângulo			x	x		x	x				x	x	feito de aço ou ferro, ressonância controlada pelas mãos
Tumbadora ou Conga	x					x	x				x	x	atabaque grande, usado aos pares
Zabumba	x				x	x	x				x	x	bumbo pequeno

Fonte: Guest, 1996, p. 84

Para os instrumentos com altura definida, usa-se a pauta para notação. Os instrumentos de percussão podem ser utilizados não somente como acompanhamento rítmico, como no caso da bateria, mas também para reforçar a dinâmica de um trecho da música, como no caso dos tímpanos apoiando os baixos em um *tutti* orquestral. No entanto, talvez o uso mais popular desses instrumentos seja como condução rítmica, integrados em uma base **rítmico-harmônica**, conforme demonstrado na Figura 4.1.

Figura 4.1 – Base rítmico-harmônica

```
                    ┌─────────────────────────────┐
                    │          MELODIA            │
                    │  instrumento melódico/voz   │
                    └─────────────────────────────┘
                  ┌ ┌─────────────────────────────┐ ┐
                  │ │          HARMONIA           │ │
                  │ │ piano/teclado, violão/guitarra│ │  Condução
                  │ └─────────────────────────────┘ │  harmônica
   Base rítmico- ─┤ ┌─────────────────────────────┐ ├
    -harmônica    │ │   LINHA (MELÓDICA) DO BAIXO │ │
                  │ │     baixo/contrabaixo       │ │
                  │ └─────────────────────────────┘ ┘
                  │ ┌─────────────────────────────┐ ┐
                  │ │      CONDUÇÃO RÍTMICA       │ │  Condução
                  │ │    bateria/percussão        │ │  rítmica
                  └ └─────────────────────────────┘ ┘
```

A base rítmico-harmônica é uma formação muito comum na música popular e na música instrumental. É composta basicamente de:

- um ou mais instrumentos de percussão (que podem ser eletrônicos), os quais respondem pela condução rítmica;
- o baixo (elétrico, acústico ou eletrônico), que atua sincronizado com a condução rítmica, auxiliando no *swing* da música e na condução harmônica;

- um instrumento harmônico (piano, violão, guitarra, teclado ou outro), que atua na condução harmônica com o baixo.

Conforme indica a Figura 4.1, é possível imaginar a base rítmico-harmônica como uma estrutura na qual harmonia e ritmo estão integrados, servindo literalmente de "base" para um instrumento melódico ou o canto.

Para o compositor ou arranjador, depois que essa base é estruturada, é possível complementá-la com "recheios", como contracantos ativos, passivos e melodias em bloco, utilizando-se instrumentos e cantores em diferentes momentos da música.

As observações que aqui apresentamos sobre a instrumentação e a orquestração são referências úteis para o planejamento da composição, de modo a prevenir a necessidade de adequações ou ajustes na música. Na realidade, o compositor experiente carrega uma bagagem musical com a qual estabelece um constante diálogo, durante todo o tempo em que está envolvido com seu trabalho. Além disso, é importante perceber como ocorre a interação entre os músicos em uma apresentação. Assistir aos ensaios de um conjunto ou de uma orquestra pode ser uma prática instrutiva e esclarecedora. Neles, o compositor em formação pode constatar como os músicos se comportam nessas situações e de que modo são vencidos os desafios relacionados à afinação e ao equilíbrio sonoro – além de outros aspectos que implicam adequar as características de cada instrumento ao conjunto.

4.5 Sugestões de usos e repertórios

Reiteramos que quem deseja compor tem necessariamente de desenvolver a memória musical. Com os recursos tecnológicos atualmente acessíveis e a infinidade de timbres disponíveis em plataformas digitais de produção musical, talvez isso pareça dispensável. No entanto, ter na memória referências sonoras de diferentes timbres ou de instrumentos musicais auxilia no direcionamento de uma ideia composicional e de sua realização. Podemos assumir que existe uma diferença fundamental entre idealizar uma composição inteira com referências sonoras e sem elas. No primeiro caso, o compositor viabiliza sua música sabendo, de antemão, aonde deseja chegar em termos de sonoridade. No segundo, ele tem de descobrir isso no meio do caminho, correndo o risco de descartar a ideia inicial – o que não é de todo inválido, pois, ao buscar sonoridades para a composição de sua música, com o tempo, o profissional acrescenta diferentes referências sonoras à sua bagagem musical.

De todo modo, é imprescindível escutar muitas apresentações musicais ao vivo, para ter uma ideia dos diferentes instrumentos em ação. Assistir a um vídeo ou ouvir uma gravação não é garantia de fidelidade sonora, já que, além da qualidade do equipamento usado para isso, na maioria das vezes os registros sonoros sofrem processamento de sinal na edição, na mixagem e na masterização, o que altera o som original do instrumento. Em síntese: uma gravação não substitui uma apresentação musical ao vivo!

Não obstante, embora amostras gravadas dos sons dos instrumentos (*samples*) não substituam uma execução real, com o instrumentista, elas podem ser úteis para experimentar uma ideia composicional. Nesse sentido, é relevante conhecer diferentes tipos de sons sintetizados eletronicamente. Um banco de timbres nas mãos de um compositor de música eletrônica ou voltada para o audiovisual é um recurso muito proveitoso. Com ele, pode-se testar na criação os princípios da repetição, da variação e do contraste e elaborar diferentes texturas. Nessas experimentações, é indicado usar timbres muito diferentes entre si e muito próximos (como os sons de uma mesma família de instrumentos). Também vale testar sons acústicos com eletrônicos e conferir o resultado.

Sobre o objeto de análise deste capítulo, há um repertório diversificado e interessante que pode ajudá-lo(a), leitor(a), com as referências sonoras. Você pode iniciar pela melodia de timbres (*Klangfarbenmelodie*) ouvindo "*Farben*", que é uma das *Cinco peças para orquestra, Op. 16*, de Arnold Schoenberg (1874-1951), e as *Cinco peças para orquestra, Op. 10*, de Anton Webern (1883-1945) – este último caso constitui um exemplo de melodia de timbres e de textura do tipo pontilhista.

Para ir além do desempenho tradicional dos instrumentos musicais, uma dica é ouvir as *Sequenze*, de Luciano Berio (1925-2003). Elas consistem em uma série de obras para instrumentos solo que exploram diferentes possibilidades sonoras. Também vale a pena escutar a *Ionisation*, de Edgard Varése (1883-1965), obra criada para um conjunto de instrumentos de percussão, e a *Kontakte*, de Karlheinz Stockhausen (1928-2007), a qual mistura instrumentos acústicos com sons eletrônicos.

Com relação a timbre e textura, merecem menção duas obras interessantes para orquestra: *Atmosphères*, de György Ligeti (1923-2006), na qual o autor trabalha com um tipo de textura designada por ele como *micropolifônica*, e *Threnody: to the Victims of Hiroshima*, de Krzysztof Penderecki (1933-2020), uma ode às vítimas da bomba de

Hiroshima, lançada pelos norte-americanos sobre a cidade japonesa na Segunda Guerra Mundial.

A respeito da instrumentação, sugerimos três obras para que você possa comparar a versão original e uma versão orquestrada da mesma música. Uma delas é a peça para piano solo *Quadros de uma exposição*, de Modest Mussorgsky (1839-1881), e a orquestração realizada por Maurice Ravel (1875-1937). As outras são as obras *Gymnopédie n. 1* e *n. 3*, para piano solo, de Erik Satie (1866-1925), orquestradas por Claude Debussy (1862-1918). Ainda, é interessante escutar a versão original da *Funeral March of Queen Mary II*, de Henry Purcell (1659-1695), realizada com instrumentos de época, e a versão de Wendy Carlos (1939-), em que se utiliza um dos primeiros sintetizadores Moog e que faz parte da trilha sonora do filme *Laranja mecânica*, de Stanley Kubrick.

A seguir, listamos, no Quadro 4.7, recursos de que você dispõe para elaborar uma composição musical considerando os conteúdos abordados neste capítulo.

Quadro 4.7 – Lista de recursos do compositor

Textura	Tipos de textura
Instrumentos	Instrumentos transpositores/transposição
Composição para grupos de instrumentos	Intervalos utilizados na região grave
	Instrumentação com textura homofônica
	Instrumentação com textura polifônica

Síntese

Neste capítulo, enfocamos algumas possibilidades de combinação dos sons instrumentais. Esse estudo pode ajudar o compositor a conceber o grupo instrumental adequado para a realização de sua música.

Inicialmente, discorremos sobre as fontes sonoras, destacando que os instrumentos musicais têm formas diferentes de geração de som. Explicamos que os harmônicos respondem por características específicas atribuídas ao timbre dos diferentes instrumentos. Na sequência, demonstramos que a textura está relacionada à combinação das vozes em uma música. Ainda, explicitamos que, no século XX, além das texturas consagradas em épocas anteriores (como a homofônica e a polifônica), outros tipos passaram a ser empregados, até mesmo com a possibilidade de a textura determinar a forma musical.

Na sequência, apresentamos alguns aspectos da composição para grupos instrumentais, ressaltando a necessidade de memorizar o som dos instrumentos e de conhecer, detalhadamente, aqueles para os quais o compositor deseja escrever. Além disso, analisamos as especificidades do instrumento transpositor e mostramos como proceder à transposição de uma melodia, escrevendo-a para esse tipo de instrumento.

Depois, examinamos a diferença entre compor para um e para vários instrumentos, destacando alguns aspectos que devem ser observados, como quantidade, afinação, intensidade sonora e equilíbrio. Também evidenciamos que, na execução de um intervalo harmônico, o espaçamento entre as notas na região grave pode ser determinante para a definição e a clareza sonora do intervalo.

Ademais, abordamos a instrumentação das texturas homofônica (melodia acompanhada e escrita acordal) e polifônica, levando em consideração alguns dobramentos que podem ser realizados pelos instrumentos da família das cordas, das madeiras e dos metais. Em seguida, versamos sobre os instrumentos de percussão e enfatizamos sua importância como condutores rítmicos e participantes da base rítmico-harmônica – uma estrutura muito utilizada em música popular e instrumental, composta de instrumentos que fazem a condução rítmica, a linha melódica do baixo (contracanto baixo) e a condução harmônica.

Por fim, mencionamos alguns procedimentos relacionados à instrumentação, sugerimos um repertório para apreciação e apresentamos uma lista dos recursos do compositor com base no que foi tratado neste capítulo.

Atividades de autoavaliação

1. A respeito dos instrumentos musicais, é correto afirmar que:
    a) os de cordas produzem som a partir de um tubo sonoro.
    b) os de sopro produzem som por meio da vibração do próprio corpo.
    c) podem ter diferentes fontes geradoras de som.
    d) os de percussão geram frequências de alturas indefinidas.
    e) os eletrônicos produzem som por meio da vibração de uma membrana tensionada.

2. Considerando o que estudamos sobre o timbre, assinale V para as proposições verdadeiras e F para as falsas.
    ( ) Consiste no fenômeno sonoro resultante do comportamento de diferentes parâmetros do som inter-relacionados, como altura, duração e intensidade.

( ) É a permanência de determinadas características em diferentes registros (alturas) que reúne, por familiaridade, sonoridades que identificam um instrumento.

( ) Basicamente, a diferença entre o timbre de um instrumento musical e o de outro está em qual ou quais harmônicos ganham destaque quando determinado som é produzido.

( ) Foi Ludwig van Beethoven quem introduziu na música a noção de melodia de timbres (*Klangfarbenmelodie*).

Agora, assinale a alternativa que corresponde à sequência correta de preenchimento dos parênteses, de cima para baixo:

a) F, F, V, F.

b) V, V, V, F.

c) F, V, F, V.

d) F, F, V, V.

e) V, F, V, V.

3. Com relação às texturas, é correto afirmar que:
   a) o cantochão é um exemplo de homofonia.
   b) na textura do tipo pontilhista, os sons estão concentrados em um único momento da música.
   c) não influenciam a forma musical, pois é um aspecto secundário da música.
   d) as do tipo pontilhista e massa sonora surgiram a partir do século XIX.
   e) a música de escrita acordal, como os corais protestantes, é um exemplo de homofonia.

4. Com base no que expusemos neste capítulo a respeito dos instrumentos musicais, assinale V para as proposições verdadeiras e F para as falsas.
   ( ) Quando o compositor escreve uma música e depois a destina para diferentes instrumentos, ele está fazendo sua harmonização.
   ( ) Dá-se o nome de *tessitura* ao conjunto de notas possíveis de serem executadas em um instrumento musical.
   ( ) No instrumento transpositor, o som real de uma nota é diferente daquele anotado na partitura.
   ( ) Trombone, violoncelo e acordeom são instrumentos transpositores.

   Agora, assinale a alternativa que corresponde à sequência correta de preenchimento dos parênteses, de cima para baixo:

   a) F, F, V, F.
   b) V, V, V, F.
   c) F, V, F, V.
   d) F, F, V, V.
   e) V, F, V, V.

5. Sobre os pequenos e grandes grupos instrumentais, é correto afirmar que:
   a) não há diferença entre compor para um conjunto de câmara e para uma orquestra sinfônica.
   b) a intensidade sonora natural dos instrumentos não interfere no equilíbrio sonoro do grupo.
   c) no registro grave, quanto menores são os intervalos, mais claros eles soam.

d) o tempo medido entre o sopro do músico no interior do instrumento e a obtenção do som é um dado relevante para a escrita orquestral.

e) os diferentes registros de um instrumento são parte de suas características individuais; portanto, não influenciam a sonoridade de uma melodia, por exemplo.

Atividades de aprendizagem

Questão para reflexão

1. Na música *Gruppen*, de Karlheinz Stockhausen, há três orquestras que a interpretam. Nesse caso, existe alguma diferença em relação ao que discutimos neste capítulo para grandes grupos? Por quê? Reflita sobre isso.

Atividade aplicada: prática

1. Escreva uma música para ser executada em um instrumento politônico (piano, teclado, violão, harpa etc.) de, no mínimo, dois minutos. Depois, faça a instrumentação para três grupos diferentes: madeiras, metais e cordas. Em cada grupo, utilize quatro instrumentos diferentes, acrescidos ou não de percussão. Para finalizar, compare os desafios enfrentados na escrita para esses diversos grupos.

Capítulo 5
OS SONS E AS PALAVRAS

Neste capítulo, discutiremos a relação entre música e texto e os aspectos composicionais que envolvem a canção popular e o canto coral. Para isso, inicialmente trataremos de aspectos métricos da música que podem conferir tonicidade à sílaba da palavra. Na sequência, abordaremos a melodia vocal e alguns aspectos importantes a serem considerados na composição de melodias direcionadas ao canto. Também versaremos sobre a composição de canções, no que diz respeito ao gênero e à forma musical. Depois, analisaremos o canto coral e as especificidades da composição para coro *a cappella*, com sugestões de procedimentos para a composição nesse estilo e de uso dos recursos composicionais, incluindo repertórios relacionados ao assunto tratado.

5.1 A relação entre música e texto

No Ocidente, a relação entre música e poesia existe desde a Grécia Antiga. Ao longo do tempo, estabeleceu-se uma divergência entre os compositores quanto ao grau de importância da música e da poesia em uma composição musical. De acordo com Zamacois (1986), os compositores se dividem entre aqueles que acreditam que:

- a música deve estar a serviço da poesia;
- a poesia deve estar a serviço da música;
- não deve haver preferência por uma ou outra, mas uma fusão entre ambas;
- o compositor deve ser fiel à situação, e não às palavras.

Essa é uma discussão ainda sem solução e não é profícuo para os propósitos desta obra levá-la adiante aqui. De qualquer modo, os diferentes posicionamentos dos compositores servem como um termômetro da importância da relação entre música e texto. No atonalismo, por exemplo, quando o discurso harmônico tonal deixou de ser estruturante em uma composição, o texto passou a nortear a estruturação da composição. Em contextos religiosos, o texto claro e compreensível, conduzido por uma melodia adequada, que não comprometa a mensagem que se quer transmitir, teve – e tem – um papel fundamental. Independentemente dos posicionamentos dos compositores e dos diferentes usos que eles fizeram e fazem do texto, há uma adequação entre música e palavra que deve ser observada.

Na relação entre poesia e música, um aspecto a ser considerado é a **métrica**. Na poesia, o estudo da medida dos versos é chamado de **metrificação**. Esse estudo é importante porque está associado às questões rítmicas do texto. Na música, a métrica está vinculada à divisão de uma melodia em compassos, com seus tempos fortes e fracos. Repare que, quando pronunciamos uma palavra, há uma sílaba que é mais acentuada que outras – assim como no tempo forte do compasso, que é mais acentuado que os outros. No caso do texto, conforme a posição da sílaba tônica na palavra, esta pode ser: **oxítona**, quando é a última sílaba; **paroxítona**, quando é a penúltima sílaba; e **proparoxítona**, quando é a antepenúltima sílaba da palavra. São exemplos, respectivamente: *ca**fé***, *al**mo**ço* e ***pá**roco*. No caso da música, o estudo da **prosódia musical** pode auxiliar o compositor na adequação da sílaba tônica da palavra com os acentos presentes na música.

Na composição na qual há texto, todos esses aspectos – textuais e musicais – devem ser levados em conta de forma a serem integrados, sem prejuízo de um e outro. Por essa razão, antes de iniciar a composição, é interessante analisar os versos do texto ou da poesia a ser musicada. Como exemplo, analisemos o seguinte trecho da cantiga popular *Se essa rua fosse minha*, de autoria desconhecida:

> Se essa rua, se essa rua fosse minha
> Eu mandava, eu mandava ladrilhar
> Com pedrinhas, com pedrinhas de brilhante
> Para o meu, para o meu amor passar

Agora, recite esses versos destacando as sílabas tônicas, conforme as indicações a seguir:

> Se **es**sa **rua**, se **es**sa **rua fo**sse **mi**nha
> **Eu** man**da**va, **eu** man**da**va ladri**lhar**
> Com pe**dri**nhas, com pe**dri**nhas de bri**lhan**te
> **Pa**ra o meu, **pa**ra o meu a**mor** pa**ssar**

Perceba que o início do primeiro verso, no qual está escrito "se essa rua...", é pronunciado da seguinte forma: *"sié-ssa rua"*. A vogal *e* do *se* une-se à vogal *e* de *essa*, formando um ditongo (*ié*) que é pronunciado como *sié*, em uma única emissão de voz. Na metrificação de um poema, isso se chama **sinalefa**. Já o início do último verso "para o meu" normalmente é pronunciado desta forma: *"paro meu"*. Isso significa que a vogal *a* de *para* foi suprimida. Isso configura uma **elisão**, processo em que uma vogal átona é suprimida por outra da palavra seguinte. Esses dois casos (sinalefa e elisão) são responsáveis por diminuir a quantidade de sílabas de um verso. Em música, isso tem suas implicações. No caso da canção em questão, tanto o **"se es-"** (sié) quanto o **"pa ra o"** (ro) são pronunciados como uma única sílaba em uma única nota da melodia, como expresso na Partitura 5.1.

Partitura 5.1 – Melodia e letra da canção *Se essa rua fosse minha*

Sees-sa ru-a sees-sa ru-a fos-se mi-nha eu man-da-va eu man-da-va la-dri-lhar.

Com pe-dri-nhas com pe-dri-nhas de bri-lhan-tes pa-rao meu pa-rao meu a-mor pass-sar.

Fonte: Superpartituras, 2015.

Dando sequência à nossa análise, com base na partitura, indicamos, no Quadro 5.1, as divisões do texto de acordo com as barras de compasso.

Quadro 5.1 – Divisão do texto de acordo com as barras de compasso

compasso	1	2	3	4	5	6	7	8
2/4	Se es-sa	ru-a, se es-sa	ru-a fos-se	mi-nha	Eu man-	da-va, eu man-	da-va la-dri-	lhar
compasso	9	10	11	12	13	14	15	16
	Com pe-	dri-nhas, com pe-	dri-nhas de bri-	lhan-te	Pa-ra o	meu, pa-ra o	meu a-mor pas-	sar.

Observe que os tempos fortes do compasso coincidem com as sílabas tônicas das palavras. Isso significa que, nesse trecho, não há erros de prosódia, ou seja, ao cantá-lo, as palavras são acentuadas na sílaba correta. Imagine cantar essa mesma canção acentuando sílabas átonas, isto é, as fracas. Soaria algo mais ou menos assim:

> Se es**sá** ru**á**, se es**sá** ru**á** fos**sé** min**há**
> Eu man**dá**vá, eu man**dá**vá la**drí**lhar
> Com pedri**nhás**, com pedri**nhás** de brilhan**té**
> Pa**rá** o meu, pa**rá** o meu **á**mor **pá**ssar

Obviamente, exageramos um pouco, porém são muito comuns os erros de prosódia na música popular; aliás, se você prestar atenção às músicas veiculadas na rádio ou na internet, provavelmente se surpreenderá com a frequência com que esses erros aparecem! Isso acontece porque muitas músicas são elaboradas de modo intuitivo. Já na música clássica ou de concerto, problemas como esse são mais difíceis de encontrar, uma vez que, na maioria das vezes, a elaboração de uma música não é feita de forma intuitiva, e o compositor dedica uma atenção especial aos problemas de prosódia musical que possam surgir no momento da junção do texto com a música.

Vale citar mais dois casos em que, dependendo de como o compositor proceder com sua música, se pode conferir tonicidade a determinada sílaba da palavra.

O primeiro deles concerne à **altura das notas**. Por exemplo: uma melodia que flui em graus conjuntos e em determinado momento dá um salto melódico ascendente; essa nota mais aguda pode dar a sensação de que a sílaba da palavra que está ligada a ela é tônica – mesmo que não esteja localizada em um tempo forte do compasso. Portanto, se tal sílaba for átona, o ouvinte pode ter a sensação de que a palavra está sendo pronunciada de forma equivocada. Uma solução possível é mudar a nota da melodia, alterar ou deslocar a palavra, a fim de que a sílaba tônica coincida com essa nota aguda.

O segundo caso está relacionado à **duração da nota**. Uma nota longa em meio a outras proporcionalmente menores pode conferir tonicidade à sílaba da palavra à qual tal nota está associada. Se a sílaba for átona, o ouvinte sentirá que a pronúncia do cantor está incorreta. Uma solução seria diminuir a duração da nota ou deslocar a palavra, para que sua sílaba tônica coincida com a nota longa.

Não é nosso objetivo neste capítulo discorrer sobre a metrificação do poema ou aprofundar questões sobre prosódia musical. A ideia é que você tenha em mente alguns caminhos a seguir quando se deparar com questões como as que exemplificamos aqui. Em síntese, as orientações a serem seguidas são:

- Ao escolher o texto, deve-se lê-lo em voz alta, destacando as sílabas tônicas e aquelas que sofrem alteração em razão da pronúncia (elisão e sinalefa, por exemplo). Isso é útil para ajustar corretamente o texto escolhido à métrica musical.
- Quando compõe a melodia para o texto, o compositor deve estar atento à altura e à duração das notas em relação às palavras a elas associadas. Saltos ascendentes (notas agudas) e notas de longa duração podem passar a sensação de tonicidade.

5.2 Melodia vocal

A melodia vocal está associada ao canto, obviamente. A boa execução deste se relaciona à capacidade de o cantor conhecer e saber utilizar seu aparelho fonador, controlando a coluna de ar vibrante em seu interior. Isso está intimamente ligado à **respiração**. Portanto, este é o primeiro dado importante para se elaborar uma boa melodia vocal: o cantor deve respirar! Logo, ele deve atentar aos trechos em que o canto deve acontecer em um só fôlego. Nesse sentido, as frases e os períodos musicais devem ser elaborados em uma extensão adequada, levando-se em consideração os pontos nos quais é possível tomar fôlego para continuar o canto. Essa é uma das diferenças entre uma melodia instrumental e uma vocal. Certamente, na execução de um instrumento de sopro estão implícitas questões respiratórias e que envolvem o instrumentista. Entretanto, convém observar que uma coisa é o controle da coluna de ar vibratória que está no interior do instrumento e outra é o controle pelo cantor da coluna de ar em seu aparelho fonador. Isso se estende para as melodias cuja finalidade é explorar o virtuosismo do cantor profissional. Com relação a esse aspecto, é importante ter em mente que nem sempre um cantor consegue executar uma melodia virtuosística escrita para piano, mas o contrário é plenamente possível. Portanto, ao compor utilizando um instrumento musical, há que se considerar a viabilidade de essa melodia ser executada por um cantor.

Escrever uma melodia para determinado instrumento implica ter familiaridade com o som que ele produz, conhecer suas características e escolher o registro no qual a melodia soa melhor. No caso da melodia escrita para voz, tais observações se mantêm. Há vários tipos de vozes além de soprano, tenor, contralto e baixo, como suas variantes ou intermediárias: mezzo-soprano, barítono, entre outras. Os cantores de ópera conhecem muito bem essas variantes que estão relacionadas à extensão das vozes, a seus registros e à tessitura. Um dado importante é que a voz se modifica com a idade. De fato, uma voz infantil se altera com o tempo: será outra ao passar pela puberdade, pela fase adulta e pela terceira idade – o que não se aplica no caso de instrumentos musicais.

Outra informação relevante diz respeito aos saltos melódicos com intervalos dissonantes – que não colaboram na afinação do intérprete. Uma boa referência é a série harmônica que apresentamos anteriormente: os intervalos de 8ª, 5ª e 4ª justas, assim como

3ᵃˢ e 6ᵃˢ maiores e menores – os mais próximos do som gerador –, podem ser utilizados sem muitos problemas. O fluir melódico por meio de graus conjuntos também não oferece grandes problemas ao cantor. Já os intervalos aumentados e diminutos devem ser usados com cautela, pois podem prejudicar a afinação. Os saltos com intervalos muito grandes, como os de 7ª e 9ª, são mais fáceis de desafinar (as 8ᵃˢ afinam melhor). Independentemente disso, uma boa maneira de amenizar os problemas com afinação se refere à presença de notas da melodia nos acordes, isto é, no acompanhamento. Isso fornece um suporte para o cantor, que passa a ter uma referência de seu canto na harmonia.

A esse respeito, Schoenberg (2001, p. 126) informa que é preciso ter atenção ao registro vocal. Segundo o autor, o registro mais agudo é o mais "vulnerável", devendo ser resguardado para momentos de clímax; já o registro mais grave é mais forte que o médio, mas recomenda-se não carregá-lo em termos dramáticos. Por sua vez, o registro médio, apesar de ser limitado em termos expressivos e dinâmicos, é conveniente para a utilização vocal. Outro aspecto salientado pelo compositor e relacionado ao registro vocal são as mudanças repentinas de tessitura, as quais podem prejudicar a qualidade sonora, pois, nesse caso, é possível que surjam mudanças de timbre ou do colorido da voz.

5.3 Canção popular

Grosso modo, a expressão *canção popular* designa uma melodia acompanhada por uma base rítmico-harmônica, conforme explicitamos no capítulo anterior. Vale dizer que a forma canção está presente também no repertório de música de concerto. Franz Schubert (1797-1828) foi um dos grandes compositores de canções. No caso da música popular, porém, a canção comumente está associada a um gênero, como rock, pop, baião, bossa nova e vários outros. No entanto, para compor em determinado gênero, é necessário conhecê-lo. Por exemplo, existem diferenças entre o tratamento harmônico dado a uma canção no gênero da bossa nova e no gênero do rock, com o uso de mais dissonâncias naquele do que neste. As distinções entre os gêneros podem, ainda, ser observadas no ritmo, na progressão de acordes, na instrumentação utilizada, entre outros aspectos.

Compor em determinado gênero requer que o profissional se familiarize com ele, sendo capaz de se expressar musicalmente ou realizar sua música por meio dele. É possível conceber uma canção em um gênero já consagrado e ela soar muito criativa. Não obstante, compor em certo gênero é, de certa forma, manter-se fiel a ele, pois, se houver alterações em demasia em uma ou mais características que o identificam como tal gênero, o resultado poderá ser uma música que não se enquadra no gênero em questão. Contudo, se a intenção for variar um pouco, deve-se observar que há variações de um mesmo gênero musical, como no caso do samba, que abriga subgêneros como samba de roda, samba-enredo etc.

Em contrapartida, o texto utilizado em uma canção pode ter diversos formatos e tratar de vários assuntos. Além disso, pode ser elaborado antes, depois ou concomitantemente com a música. Ha músicos que optam por compor uma canção utilizando um texto já finalizado. Outros preferem que a música seja feita antes, de modo que, posteriormente, o texto seja adaptado a ela. Em ambos os casos, o compositor pode, por exemplo, fazer somente a música, deixando o texto a cargo de um letrista. Há, entretanto, compositores que têm talento tanto para a escrita quanto para a música. Nesse caso, existe a possibilidade também de escrever música e letra de forma concomitante.

O texto de uma canção é tão importante quanto a música. Esta pode valorizar aquele, e o contrário também pode ocorrer. Por essa razão, um texto criativo e bem-escrito faz toda a diferença. Nessa perspectiva, é fundamental ter em mente que compor uma música tem suas especificidades, assim como a criação e a elaboração de um texto. Com relação à produção textual, entendemos que o compositor tem de ser bastante criterioso e honesto consigo mesmo ao avaliar a qualidade do que escreve. Se possível, é recomendado pedir sugestões a pessoas que têm intimidade com a escrita. Em muitos casos, uma parceria pode resultar em uma canção de qualidade.

A canção (conhecida também como *lied*) é geralmente constituída pelas seções A e B, isto é, com duas partes contrastantes, podendo apresentar algumas variações e/ou repetições. *Grosso modo*, a parte A é a primeira porção da canção, e a parte B, a segunda, diferindo da anterior e podendo ser, por exemplo, o refrão ou estribilho. O que normalmente acontece (mas não é regra) é que a parte A se repete com uma letra diferente antes da parte B (que poderia ser o refrão ou *chorus*). Nesse contexto, é possível obter uma canção na forma AAB. Em razão da mudança da letra, costuma-se designar a parte A como A1, A2 etc. Mas uma canção pode também iniciar com o refrão (como *Can't Buy Me Love*, da banda The Beatles), ou com uma introdução instrumental, a qual pode ou não integrar uma das partes com letra.

> **Importante!**
>
> *Lied*, em alemão, significa "canção". Vários compositores, como Beethoven e Schubert, compuseram na forma *lied* – geralmente, resumindo-se ao canto acompanhado pelo piano. Posteriormente, a orquestra também serviu de acompanhamento para o canto.

Também é possível elaborar entre as partes um trecho instrumental, o interlúdio, e, no final, acrescentar uma coda, que funciona como finalização da canção. Veja este exemplo:

Estrutura formal								
Introdução	A1	A2	B	interlúdio	A3	A4	B	Coda

Essa é só uma possibilidade. A partir de agora, leitor(a), preste atenção às canções que você escuta e observe as variações de forma.

5.4 Canto coral

Assim como nos grupos instrumentais, há semelhanças e diferenças entre um coral pequeno e um de grande porte. Um grupo maior tende a "disfarçar" deslizes pontuais que ficariam evidentes em um grupo menor. Nas formações mais amplas, os acordes com poucas notas (como as tríades) ganham corpo pela quantidade de músicos tocando ou cantando ao mesmo tempo.

Especificamente em um grupo vocal, há vozes em vez de instrumentos, isto é, a emissão sonora não é mediada por um instrumento musical. Existe, portanto, uma relação direta entre a condição física e emocional do cantor e o som que ele produz. Nesse caso, o próprio corpo torna-se instrumento da música. Por isso, todo cantor profissional sabe, por exemplo, que ir a um jogo de futebol torcer aos gritos por seu time favorito pode comprometer a apresentação do dia seguinte – ou no mesmo dia. Outrossim, a falta de motivação pode transparecer em sua interpretação.

E como isso interfere na composição de música vocal?

A composição para a voz deve considerar o **tensionamento** das cordas vocais e seu **relaxamento**. Em uma obra vocal de grande extensão, é importante diversificar os solistas, alternar o trabalho com os naipes e utilizar o registro adequado, considerando-se a tessitura de cada voz para que não haja desgaste excessivo e comprometimento da qualidade vocal dos cantores.

Com relação ao aspecto emocional, a motivação pode emanar de melodias interessantes para todas as vozes. Isso significa que melodias muito estáticas, que servem somente para preencher o acorde entre as vozes do soprano e do baixo, podem ser desestimulantes. Diante disso, o compositor pode utilizar alguns recursos para deixar as melodias mais atraentes aos cantores, como: usar contracantos com ritmos diferentes dos sopranos e dos baixos; diversificar entre texturas homofônicas (melodias acompanhadas) e polifônicas (melodias independentes sobrepostas); recorrer a sons silábicos e/ou imitar sons de objetos, animais, instrumentos musicais etc. (onomatopeias).

Um dado importante para o compositor é conhecer o coro para o qual está compondo. Há coros profissionais, mas são inúmeros os formados por músicos amadores, diletantes ou por pessoas que encaram a prática coral como um *hobby* ou momento de prazer e relaxamento. Se o coro não é constituído por profissionais, a sugestão é elaborar peças cujas melodias sejam fáceis de memorizar e cujos intervalos melódicos não sejam difíceis de afinar (como os aumentados e os diminutos). Um detalhe que pode ser interessante é haver um pianista para acompanhar o coro. Nesse caso, as entradas das vozes podem ser dobradas com o piano, e as notas dos acordes podem ser referências para as da melodia, de modo a auxiliar na manutenção da afinação do coro durante a vigência da música. O que importa é que o compositor cria para que alguém interprete sua música – se não for ele mesmo o intérprete. Isso significa que o(s) intérprete(s) deve(m) ser considerado(s) pelo compositor.

O *Concerto para a mão esquerda em Ré Maior*, para piano e orquestra, do compositor francês Maurice Ravel (1875-1937), foi encomendado por um pianista que perdeu o braço durante a Primeira Guerra Mundial. Concertos para piano e orquestra escritos somente para uma das mãos não são comuns. No entanto, para o compositor, o que interessa é obter o melhor resultado sonoro possível com os intérpretes para os quais se destina a composição.

Importante!

Por si só, a complexidade de uma composição ou a dificuldade de executá-la não determina a qualidade composicional nem a genialidade do compositor. Afinal, essa figura não é um criador de problemas, mas de música!

Apesar de ser recorrente a afirmação de que um coro é formado por soprano, contralto, tenor e baixo, na prática, isso acontece somente em coros profissionais. Muitas vezes, no lugar de um naipe de baixos, conta-se com um naipe de barítonos, com vozes não tão graves quanto as dos baixos. Além disso, a formação dos coros pode variar, como aqueles constituídos somente por homens ou mulheres, coros infantis ou o coro misto. Tendo isso em vista, vale considerar a extensão das vozes, conforme detalharemos a seguir.

- **Formações com soprano, contralto, tenor e baixo (coro misto)**

No Quadro 5.2, registramos as extensões vocais para coro misto (considere C3 como sendo o Dó central do piano ou A3 = 440 Hz).

Quadro 5.2 - Extensão das vozes: coro misto

Voz	Alcance	Alcance médio	Quebra vocal (intervalos aproximados – devem ser evitados na parte principal da melodia, pois pode haver mudança de timbre)	Região mais indicada	Ponto de poder
Soprano	G2-C5	C3-G4	G3-Bb3	G3-E4	G3-D4 (voz de peito)
Alto (contralto)	F2-G4	G2-D4	G3-A3	C3-A3	F3-C4
Tenor	A1-A3 (subindo para D4-E4 com falsete)	C2-G3	D3-F3	G2-F3	C3-G3
Baixo	D1-F3 (notas abaixo de F1 requerem amplificação ou muitos cantores)	F1-C3	C3-D3	A1-A2	F2-D3

Fonte: Elaborado com base em Sharon; Bell, 2012.

Nos coros mistos, como informado, muitas vezes não há baixos, somente barítonos. Conforme Almada (2000), nesse caso, deve-se considerar o que está registrado no Quadro 5.3.

Quadro 5.3 – Extensão das vozes: barítono

Voz	Alcance	Região mais indicada
Barítono	G1-G3	D2-E3

Fonte: Elaborado com base em Almada, 2000.

- **Formações com dois tenores, um barítono e um baixo (coro masculino)**

De acordo com Sharon e Bell (2012), no caso de um conjunto de vozes masculinas, observa-se que a extensão utilizável das vozes é ligeiramente estendida, tanto para cima quanto para baixo (Quadro 5.4).

Quadro 5.4 – Extensão das vozes: conjunto vocal masculino

Voz	Alcance
Tenor 1	G1-F4
Tenor 2	G1-C4
Barítono	E1-G3
Baixo	D1-D3

Fonte: Elaborado com base em Sharon; Bell, 2012.

- **Formações com dois sopranos e dois contraltos (coro feminino)**

Ainda segundo Sharon e Bell (2012), assim como em um conjunto de vozes masculinas, em um conjunto de vozes femininas a extensão utilizável das vozes é ligeiramente estendida (Quadro 5.5).

Quadro 5.5 – Extensão das vozes: conjunto vocal feminino

Voz	Alcance
Soprano 1	A2-A4
Soprano 2	A2-F4
Contralto 1	D2-D4
Contralto 2	D2-D4

Fonte: Elaborado com base em Sharon; Bell, 2012.

A composição para coro *a cappella*, isto é, somente para vozes, possibilita diferentes tipos de texturas e resultados sonoros, tal como a composição de música instrumental. Muito da bagagem musical acumulada no Ocidente se deve ao desenvolvimento da composição para coro *a cappella*. Para exemplificar como isso influenciou e modificou os procedimentos adotados pelos compositores, observe a seguir a melodia tradicional americana *Amazing Grace*, arranjada para coro por Sharon e Bell (2012), com base em diferentes procedimentos composicionais identificados na história da música ocidental.

Partitura 5.2 – Melodia original: *Amazing Grace*, John Newton, 1772

Fonte: Sharon; Bell, 2012, p. 243.

Partitura 5.3 – Soando como um cantochão

Fonte: Sharon; Bell, 2012, p. 244.

Partitura 5.4 – Soando como um *organum*

Fonte: Sharon; Bell, 2012, p. 245.

Partitura 5.5 – Soando como um *organum* um pouco mais desenvolvido – a partir de um *cantus firmus* dado (início do contraponto)

Fonte: Sharon; Bell, 2012, p. 246.

Partitura 5.6 – Soando como um contraponto do século XVI

Fonte: Sharon; Bell, 2012, p. 247-248.

Partitura 5.7 – Utilizando uma escrita coral (acordal)

[partitura musical de "Amazing Grace" em quatro vozes: S, A, T, B]

Fonte: Sharon; Bell, 2012, p. 250.

O último estilo, muito encontrado nos corais de Bach, influenciou as composições corais modernas. Segundo Sharon e Bell (2012, p. 251, tradução nossa), "muitas das músicas corais modernas são uma evolução desse estilo, porém adaptadas para incluir um vocabulário harmônico mais avançado".

Cabe observar que compor para um coro a *cappella* exige um pensamento em dois planos: o vertical e o horizontal. Isso significa que é preciso estar atento aos sons que estão se apresentando simultaneamente em determinado momento (harmonia – plano vertical) e àqueles que surgem sucessivamente (melodia – plano horizontal). É como um jogo no qual é preciso ajustar as peças umas às outras (as peças, no caso, são os sons) de modo que formem um todo coerente de acordo com a organização proposta. Para ajustar tais peças (sons), o compositor dispõe de dois parâmetros que contribuem para a organização coerente: a audição e o conhecimento acumulado em centenas de anos de experiência em composição musical no Ocidente. Mas como utilizar esses parâmetros?

A **audição** é fundamental para que, durante a composição, o compositor avalie o que fez e defina o passo seguinte. O **conhecimento musical** o auxilia com procedimentos já consagrados pelo uso, cujo resultado já foi atestado. Com base nesses aspectos, é possível orientar a elaboração de uma música.

Quanto à composição do coro *a cappella*, a sugestão é a seguinte:

- Conforme vai inserindo sons em sua música, isto é, elaborando as vozes, o compositor tem de escutar o resultado no plano vertical (sons simultâneos – acordes/harmonia) e verificar se lhe agrada. Caso perceba algo que não soou bem em relação ao conjunto sonoro (plano vertical), deve redistribuir os sons entre as vozes ou substituí-los por outros previstos no acorde. Se ainda não estiver satisfeito, convém rever a harmonia (os acordes e/ou a progressão deles) e experimentar.
- O compositor tem de conferir o plano horizontal (sons sucessivos – melodia). Para isso, vale observar como está soando a melodia em cada voz. Está dentro da extensão/tessitura de cada voz do coro? Está fluindo de modo *cantabile*, isto é, o canto está fluindo naturalmente, de modo melodioso? Há na melodia saltos dissonantes que podem prejudicar a afinação? O que pode ser melhorado? Se for o caso, o compositor deve reajustar a melodia (plano horizontal), verificando as implicações disso na harmonia (plano vertical), isto é, realizando novamente a sugestão anterior. Deve proceder dessa forma até ficar satisfeito com o resultado.

A seguir, apresentaremos uma maneira simples de elaborar um canto coral, a partir de uma melodia harmonizada com tríades. Como exemplo, utilizaremos a melodia da canção infantil *Se essa rua fosse minha*.

Primeiramente, transcreve-se a melodia na pauta da voz mais aguda (soprano), com a indicação dos acordes. Se necessário, deve-se transpor a melodia para que ela se adéque à extensão/tessitura vocal do soprano. Na sequência, verifica-se quais notas da melodia estão presentes nos acordes e quais lhe são estranhas. Nesse tipo de harmonização simples, o compositor deve avaliar qual nota do acorde está na melodia e completar as vozes restantes com as outras notas, indo da mais aguda para a mais grave, mantendo sempre o ritmo da melodia.

A esse respeito, observe a melodia na Partitura 5.8, a seguir.

Partitura 5.8 – Transcrição da melodia na voz soprano

Conforme você pode constatar, há duas notas no segundo tempo do terceiro compasso que são estranhas à tríade: Sib e Láb. As outras notas do trecho pertencem ao acorde. A música começa com uma anacruse com duas notas iguais que equivalem à 5ª do acorde de Cm, a nota Sol. O acorde de Cm é composto de fundamental (Dó), 3ª (Mib) e 5ª (Sol); portanto, falta completar as vozes com as notas Dó e Mib. Como é uma tríade, há três notas para quatro vozes. Nesse caso, reservamos a nota fundamental para o baixo, repetindo-a em outra voz, quando for o caso. Como segunda opção, repetimos a 5ª do acorde (Partitura 5.9).

Partitura 5.9 – Realização das outras vozes: contralto, tenor e baixo

Observe que, no primeiro tempo do terceiro compasso, a nota fundamental Dó que está na melodia está repetida. Isso acontece porque ela soa com pouca intensidade na voz do soprano e, por essa razão, é repetida na voz do contralto. Por conseguinte, ocorre uma modificação no restante das vozes, uma vez que, pela ordem (das notas mais agudas para as mais graves do acorde, a partir da nota da melodia), a próxima nota para o contralto seria o Sol (a 5ª quinta do acorde). Assim, inicialmente, essa nota foi destinada para o tenor, conforme se evidencia na partitura. Entretanto, a melodia do baixo estava muito estática, sem movimento. A ideia, então, foi substituir a nota fundamental do acorde (Dó) pela nota seguinte da série harmônica (entendendo-se o Dó como som gerador), buscando-se outra opção, mas sem perder uma identidade grande com a fundamental: Sol (5ª do acorde). A consequência foi que o acorde ficou sem a 3ª, que é uma nota característica. Por essa razão, refizemos o trecho, conforme pode ser visto na Partitura 5.10.

Partitura 5.10 – Realização do trecho com ajustes

Repare que substituímos a nota Sol do baixo pela nota Mib, que é a 3ª do acorde. As duas notas da melodia (voz soprano) do segundo tempo do terceiro compasso, Sib e Láb, não fazem parte do acorde de Cm. Dessa forma, para harmonizar esse trecho, iniciamos pela voz do baixo. Como desejávamos movimentá-la, alternamos da fundamental para a 3ª do acorde, a nota Mib, aproveitando que a nota anterior do baixo é Dó e que, no último compasso, deveríamos chegar a Sol, a fundamental do acorde de G7. No último compasso, omitimos a 7ª pelas seguintes razões:

- No soprano não podemos mexer, pois se refere à melodia.
- No baixo também não fizemos alterações, porque decidimos manter a fundamental do acorde.
- No contralto, se inseríssemos o Fá, haveria o cruzamento dessa voz com a do soprano, o que não é interessante porque a nota Fá ficaria mais aguda do que a nota da melodia (Ré) – isso daria a sensação de que o Fá é a nota da melodia.
- No caso do tenor, no primeiro tempo, se retirássemos o Si, suprimiríamos a 3ª do acorde. No segundo tempo, se inseríssemos o Fá, o tenor efetuaria um salto descendente de uma 4ª aumentada (trítono), algo que pode ser de difícil afinação – por isso, optamos pelo Sol.

- Como é apenas o início da música, julgamos que o Fá (7ª do acorde) – que faz o trítono com o Si e dá um caráter de preparação muito atrativo ao acorde de dominante para a resolução na tônica – poderia ser dispensado nesse momento da música.

Com base em Sharon e Bell (2012), listamos algumas sugestões simples que podem ajudar o compositor a obter um bom resultado sonoro de sua composição vocal:

- Não cruzar as linhas melódicas.
- Considerar a tessitura das vozes.
- Evitar intervalos muito grandes entre soprano, contralto e tenor, bem como intervalos muito pequenos entre tenor e baixo.

Partitura 5.11 – Intervalo entre contralto e tenor

Fonte: Sharon; Bell, 2012, p. 126.

Partitura 5.12 – Intervalo entre soprano e contralto

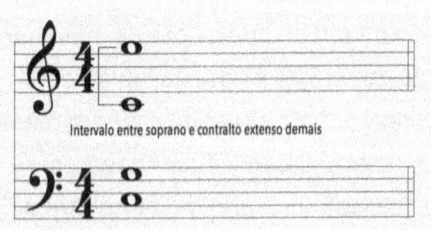

Fonte: Sharon; Bell, 2012, p. 126.

- Resolver adequadamente a cadência V7 I, isto é, o trítono, fazendo a 3ª do acorde de dominante (nota sensível da escala) seguir para a fundamental do acorde de tônica (nota tônica da escala) e a 7ª do acorde de dominante seguir para a 3ª do acorde de tônica.

Partitura 5.13 – Resolução de dissonância

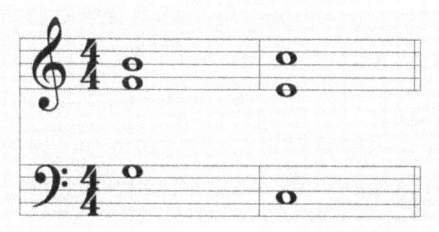

Fonte: Sharon; Bell, 2012, p. 128.

- Priorizar o movimento contrário, de modo a evitar que todas as vozes sigam em uma mesma direção. Observe a progressão de acordes com movimento direto indicada na Partitura 5.14. O melhor é encadeá-la como está expresso na Partitura 5.15.

Partitura 5.14 – Vozes em movimento direto

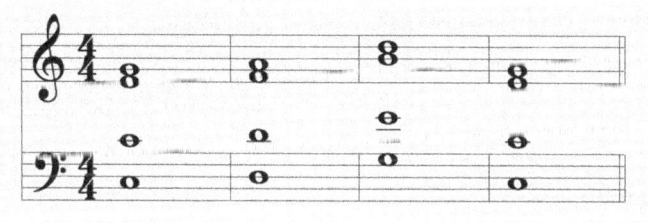

Fonte: Sharon; Bell, 2012, p. 130.

Partitura 5.15 - Encadeamento com movimento contrário e oblíquo

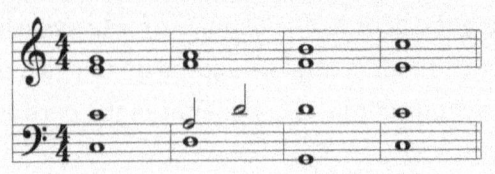

Fonte: Sharon; Bell, 2012, p. 130.

Estas são algumas sugestões às quais o compositor pode recorrer a fim de lapidar sua composição vocal. O conhecimento da harmonia é de grande valia para obter excelentes resultados. No entanto, não é o objetivo deste livro tratar de harmonia, mas apenas direcionar sua bagagem musical, leitor(a), para a composição musical.

5.5 Sugestões de usos e repertórios

Ao longo deste capítulo, demonstramos que compor uma obra coral - e podemos estender esse entendimento para quaisquer tipos de composição - é uma tarefa análoga a tricotar ou fazer tapeçaria. Imagine-se fazendo alguma dessas atividades. Você vai enlaçando um fio no outro e seguindo adiante, observando o resultado que se apresenta e que está sempre condicionado ao enlace realizado anteriormente. De fato, quando o compositor associa um som a outro, é como se estivesse enlaçando fios. O resultado depende do enlace feito.

Em suma, as possibilidades de associação sonora que se apresentarão no momento seguinte dependerão do que foi feito antes. Isso permite antecipar possíveis problemas. É como um jogador de xadrez que avalia sua jogada antevendo as opções de seu adversário. Prevendo a ação do oponente, ele prepara uma estratégia de jogo, movendo as peças de acordo com ela. Na música, o compositor, sabendo o resultado que pode obter, utiliza-se de estratégias composicionais para elaborar sua composição. Portanto, você, leitor(a), pode fazer uso das estratégias descritas, avaliando o resultado por meio da audição e do conhecimento musical; assim, estará no caminho certo para se tornar um compositor.

A respeito da composição de melodias vocais, uma sugestão são os cantos gregorianos ou das melodias das missas compostas por Giovanni Pierluigi da Palestrina (1525-1594). São exemplos de melodias vocais equilibradas a serviço do texto e que fluem muito bem. Na música de concerto, verifique alguns *lieds* (canções) para canto e piano de Franz Schubert (1797-1828), como *Der Tod und das Mädchen* ("A morte e a donzela") e *Gretchen am Spinnrade* ("Gretchen na roda de giro").

Do repertório da música do século XX, ouça a *Sequenza III*, para soprano solo, de Luciano Berio (1925-2003), obra na qual o compositor explora várias possibilidades sonoras da voz. Meredith Monk (1942) é uma sugestão de compositora que trabalha com formas e texturas vocais, como em *Dolmen Music*.

No campo da música com função litúrgica – a música sacra –, há várias obras corais interessantes. Vale a pena escutar a *Missa Papae Marcelli*, de Giovanni Pierluigi de Palestrina, um exemplo de música contrapontística do século XVI, ou as obras corais (protestantes) de Johann Sebastian Bach (1685-1750). Ainda, podemos citar as grandiosas obras vocais para coro e orquestra, como a *Missa Solemnis*, de Ludwig Van Beethoven (1770-1827), e a *Messa da Requiem*, de Giuseppe Verdi (1813-1900).

Na música popular, ouça as melodias de Tom Jobim (1927-1994), como as das canções *Chovendo na roseira* e *Retrato em branco e preto* - esta em parceria com Chico Buarque (1944-). No repertório *pop* internacional, *Eleanor Rigby*, de The Beatles, também é uma boa sugestão. Entre os grupos vocais interessantes, ouça o trabalho vocal do norte-americano Take 6.

A seguir, no Quadro 5.6, listamos alguns recursos úteis para compor, considerando os conteúdos abordados neste capítulo.

Quadro 5.6 - Lista de recursos do compositor

Relação entre texto e música	Métrica (poesia) e prosódia musical
Elaboração de melodia vocal	Respiração, saltos melódicos, registro e extensão vocal
Canção popular	Forma canção (AB) e suas variações
Canto coral	Atentar para: tensionamento das cordas vocais; melodias interessantes para todas as vozes; potencial do intérprete, extensões e registros vocais
	Durante a composição: avaliação por meio da audição e do conhecimento musical
	Procedimentos simples para a composição de um canto coral

Síntese

Neste capítulo, discorremos sobre a relação entre texto e música, principalmente no que tange à métrica, com destaque para o fato de que tal associação deve ser adequada para não comprometer a pronúncia da palavra ou tornar o texto incompreensível. Explicamos que a composição de uma melodia vocal tem suas especificidades, em especial no que concerne à respiração necessária, em pontos determinados, para que não se prejudique a interpretação. Na sequência, tratamos de alguns aspectos relativos à composição vocal, incluindo a extensão, o registro e a tessitura vocal, além de indicarmos a importância de observar os saltos melódicos com vistas à manutenção da afinação do coro.

Em seguida, apresentamos alguns aspectos da canção popular, como o gênero, que direciona os rumos da composição. Além disso, ressaltamos que, assim como a música pode valorizar o texto, o inverso também ocorre. Demonstramos, ademais, que a forma canção contém duas seções contrastantes (A e B), mas que existem variações no repertório das músicas popular e de concerto.

Depois, versamos sobre alguns aspectos que devem ser observados na composição para o canto coral, pois podem influenciar no resultado musical, a saber: o tensionamento das cordas vocais e seu relaxamento; a elaboração de melodias interessantes para as diferentes vozes; o conhecimento do potencial dos intérpretes ou do grupo vocal para o qual a música se destina, além das extensões das vozes. Após tais reflexões, mostramos diferentes tipos de composições vocais que podem ser identificados no repertório da música ocidental.

Por fim, assumindo que a audição e o conhecimento musical são parâmetros para a composição, sugerimos uma maneira simples de elaborar um canto coral a partir da canção infantil *Se essa rua fosse minha*. Também indicamos um repertório para apreciação, além de uma lista dos recursos do compositor com base no que foi tratado no capítulo.

Atividades de autoavaliação

1. No que diz respeito à relação entre música e texto, é correto afirmar que:
   a) as questões implicadas em tal relação foram levantadas somente no século XXI.
   b) a prosódia musical reside na adequação entre a sílaba tônica da palavra e os acentos presentes na estrutura musical.
   c) a sinalefa ocorre quando uma vogal átona é suprimida por outra vogal da palavra seguinte.
   d) são raros os problemas de prosódia na música popular.
   e) o timbre é um dos principais atributos do som que podem conferir tonicidade à sílaba da palavra.

2. Considerando o que estudamos neste capítulo sobre a melodia vocal, assinale V para as proposições verdadeiras e F para as falsas.
   ( ) A qualidade da voz do cantor se mantém independentemente da idade.
   ( ) Quaisquer intervalos melódicos podem ser executados pelo cantor com igual risco de desafinar.
   ( ) O tamanho das frases e dos períodos pode prejudicar o desempenho do cantor.
   ( ) A qualidade sonora independe dos diferentes registros vocais.

   Agora, assinale a alternativa que corresponde à sequência correta de preenchimento dos parênteses, de cima para baixo:
   a) F, F, V, F.
   b) V, V, V, F.
   c) F, V, F, V.
   d) F, F, V, V.
   e) V, F, V, V.

3. Sobre a canção popular, é correto afirmar que:
   a) o texto é feito antes da música.
   b) o refrão não é utilizado para iniciar uma canção popular.
   c) a música valoriza mais a canção do que o texto.
   d) geralmente está associada a um gênero.
   e) a canção é, basicamente, formada por uma melodia e um contracanto.

4. Com base no que expusemos a respeito do canto coral, assinale V para as proposições verdadeiras e F para as falsas.
   ( ) A composição para a voz deve considerar o tensionamento das cordas vocais e seu relaxamento.
   ( ) Para formar um coro, são necessárias as vozes soprano, contralto, tenor e baixo.
   ( ) Muitas das músicas corais modernas são uma evolução dos corais protestantes de Johann Sebastian Bach.
   ( ) Os intérpretes devem ser considerados já na composição para coro.

   Agora, assinale a alternativa que corresponde à sequência correta de preenchimento dos parênteses, de cima para baixo:
   a) F, F, V, F.
   b) V, V, V, F.
   c) F, V, F, V.
   d) F, F, V, V.
   e) V, F, V, V.

5. No que concerne ao canto coral, é correto afirmar que:
   a) no que depende do compositor, a motivação dos cantores pode vir do aquecimento vocal antes dos ensaios.
   b) não existe relação direta entre o som que o cantor produz e sua condição física.
   c) na composição para coro *a cappella*, a avaliação do plano vertical concomitantemente com o plano horizontal é muito importante.
   d) na composição de uma obra vocal de grande extensão, é indiferente alternar os trabalhos com os naipes e os solistas.
   e) a complexidade de uma composição coral ou a dificuldade de executá-la é um termômetro da qualidade composicional.

Atividades de aprendizagem

Questão para reflexão

1. Com base no que foi discutido neste capítulo, o que o compositor pode fazer para que uma peça coral infantil ou infantojuvenil colabore para a realização de uma interpretação motivada e com qualidade sonora?

Atividade aplicada: prática

1. Utilizando uma mesma melodia harmonizada, escreva uma peça para coro masculino (baixo, barítono e tenor) e outra para coro feminino (contralto, mezzo-soprano e soprano). Depois, compare os desafios encontrados para compor ambas as peças.

Capítulo 6
FORMA E
ESTRUTURA
MUSICAL

Neste capítulo, trataremos da forma e da estrutura musical, partindo do entendimento de que é a organização dos elementos sonoros que dá origem à forma musical. Veremos que a repetição, a variação e o contraste fundamentam as formas básicas – binária e ternária – e as grandes formas musicais, como a sonata clássica, que se constitui em um bom exemplo de estruturação musical. Na sequência, discorreremos sobre o planejamento da composição, com a aplicação de parâmetros voltados para esse fim. Também destacaremos a importância de uma comunicação clara e objetiva quando se delega a interpretação de uma música a outros intérpretes que não o compositor. Em seguida, apresentaremos sugestões de procedimentos e de uso dos recursos composicionais, incluindo repertórios relacionados ao assunto tratado.

6.1 Fundamentos das formas musicais

No início desta obra, afirmamos que a música é uma arte do tempo. Nessa ótica, devemos considerar que é preciso haver uma organização dos elementos utilizados pelo compositor a fim de que a música se desenvolva no tempo de maneira equilibrada. Da mesma forma que um conjunto de palavras ou frases soltas, sem uma organização mínima que estabeleça a relação entre elas, não constitui um texto coerente e inteligível, no universo da música de tradição tonal[1], ideias musicais soltas, sem um mínimo de organização, não

...
1   Neste livro, não tratamos de composições que consideram a indeterminação ou o acaso na música, o que pode ser constatado em obras de compositores dos séculos XX, como John Cage (1912-1992), e XXI.

fazem do conjunto uma composição musical. Portanto, uma composição pode ser entendida como um agrupamento de ideias cuja organização é proposta pelo compositor.

É dessa organização que nasce a **forma musical**. Igor Stravinsky, compositor russo, dizia que "os elementos sonoros só se tornam música quando começam a ser organizados, e que essa organização pressupõe um ato humano consciente"(Stravinsky, 1996, p. 31).

Isso vale também para algumas músicas com formas abertas, nas quais o intérprete participa da escolha dos elementos que serão utilizados quando da execução da obra, como a *Klavierstuck XI* ou a *Zyclos*, ambas de Karlheinz Stockhausen. Também nesse caso há uma organização geral e consciente realizada pelo compositor, mas que inclui as decisões do intérprete. Em senso amplo, em toda composição musical está implícita uma forma idealizada pelo compositor, a qual é resultante da organização de suas ideias musicais e consiste na maneira como a obra se apresenta.

Essa organização consciente deve levar em conta a associação ou interligação de ideias musicais de modo que a composição seja específica e compreensível. O compositor Arnold Schoenberg(1991, p. 27) ensina que a **lógica** e a **coerência** são essenciais nesse processo e, para que isso ocorra, "a apresentação, o desenvolvimento e a interconexão das ideias devem estar baseados nas relações internas, e as ideias devem ser diferenciadas de acordo com sua importância e função".

Também no início deste livro, comentamos que a memória tem um papel importantíssimo na composição, na medida em que a música é uma arte do tempo e só pode ser percebida durante sua vigência. Os compositores sabem disso e, por essa razão, muitas vezes utilizam estratégias para que o ouvinte consiga reter na memória as ideias principais e reconhecer o trabalho de desenvolvimento delas, por meio de comparações entre o que se escuta em determinado momento e o que se ouviu em um momento anterior. Uma dessas estratégias é a divisão da música em partes (como as seções), a fim de facilitar a memorização. O mestre Schoenberg (1991, p. 27, grifo do original) ratifica essa afirmação: "só se pode compreender aquilo que se pode reter na mente, e as limitações da mente humana nos impedem de memorizar algo que seja muito extenso. Desse modo, a subdivisão apropriada facilita a compreensão e determina a *forma*".

Os procedimentos rítmicos, melódicos e harmônicos comentados nos capítulos anteriores são fundamentais para a estruturação da forma musical. De maneira geral, estão a serviço da repetição de uma ideia, de sua variação ou da elaboração de outra que estabelece uma relação de contraste com a anterior. Esses três tipos de procedimentos, apresentados na porção inicial deste material, orientam a confecção da forma musical.

A **repetição**, isto é, a reprodução ou imitação de uma ideia, levou o compositor a desenvolver um estilo de escrita no qual uma ou várias partes vocais e/ou instrumentais imitam o que outra voz fez antes. A imitação ou o **estilo imitativo** não é uma forma musical, mas deu origem a algumas delas, como o *canon* ou **cânone**, o qual ocorre quando a imitação se dá durante toda a música. Observe, a seguir, um exemplo de cânone à oitava (a voz que imita entra uma oitava abaixo da principal), elaborado com base na canção popular russa *Os remadores do Volga*.

Partitura 6.1 – Exemplo de cânone à oitava

Fonte: Zamacois, 1979, p. 57.

Outra forma musical derivada do estilo imitativo é a **fuga**, na qual um tema designado como **sujeito** é respondido com uma imitação dessa ideia, a **resposta**. Entre as diferentes entradas das vozes que contêm o sujeito ou a resposta há trechos mais extensos com abordagem livre – os **episódios** – e menos extensos – as **codas**. Observe, na sequência, o início da "Fuga a três vozes em Dó menor", livro I, do *Cravo bem temperado, BWV 847*, de Johann Sebastian Bach.

Partitura 6.2 – Exemplo de fuga a três vozes

Fonte: Holst, 1987, p. 207.

Repare que a primeira voz (sujeito) inicia com a nota Dó na segunda metade do primeiro tempo do primeiro compasso. A segunda voz (resposta) entra com a dominante (Sol) na segunda metade do primeiro tempo do terceiro compasso. A terceira voz começa com o Dó, no sétimo compasso, na segunda metade do primeiro tempo do compasso (clave de Fá).

A variação também é um procedimento fundamental realizado pelo compositor e que influencia na elaboração de uma forma musical. Conforme Zamacois (1979), a variação pode ser:

- **Ornamental ou melódica**: as modificações ou transformações são realizadas no próprio tema, de modo que se mantenham características melódicas e harmônico-contrapontísticas suficientes para que seja reconhecido. No exemplo a seguir, extraído da *Sonata em Lá bemol Maior para piano, Op. 26*, de Ludwig van Beethoven, compare o tema com as duas variações obtidas a partir dele.

Partitura 6.3 – Exemplo de tema e variações: ornamental

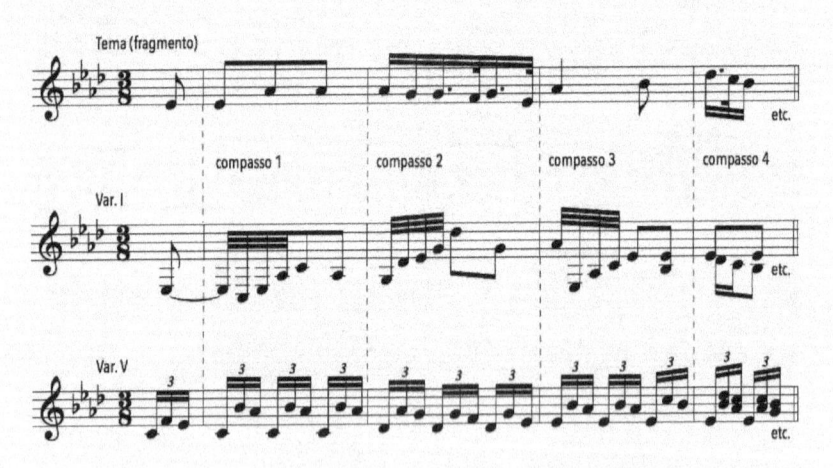

Fonte: Zamacois, 1979, p. 137.

- **Decorativa ou harmônico-contrapontística**: as modificações ou transformações são realizadas somente na harmonia e no contraponto, que foram produzidos com o tema. Também podem ser feitas somente na harmonia (variação harmônica) ou no contraponto (variação contrapontística). Observe esse tipo de variação nos trechos a seguir, extraídos da *Sonata, Op. 14, n. 2*, de Beethoven.

Partitura 6.4 – Exemplo de tema e variações: decorativa

Fonte: Zamacois, 1979, p. 138.

- **Amplificada, livre ou grande variação**: as modificações ou transformações são realizadas no tema de modo que dele só reste algum fragmento ou detalhe, com o qual se cria uma ideia temática. Acompanhe esse tipo de variação nos exemplos apresentados na sequência, extraídos do andante da *Sonata para piano em Mi Maior, Op. 109*, de Beethoven.

Partitura 6.5 – Exemplo de tema e variações: amplificada

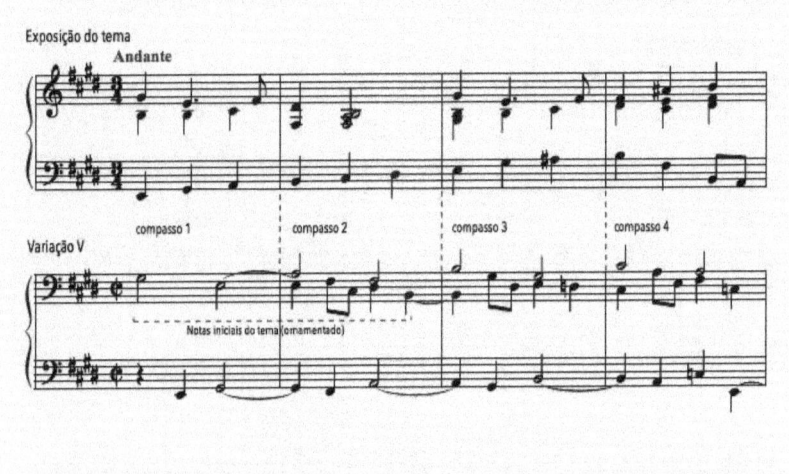

Fonte: Zamacois, 1979, p. 139.

- **Mistura das três anteriores (ornamental, decorativa e amplificada)**: observe esse tipo de variação no excerto a seguir, extraído do "*Allegro Vivace*" da *Sonata para piano em Mi Maior, Op. 109*, de Beethoven. O tema é o mesmo do exemplo anterior.

Partitura 6.6 – Mistura dos três tipos anteriores (ornamental, decorativa e amplificada)

Fonte: Zamacois, 1979, p. 140.

A variação também deu origem a formas musicais como a *canzona*, um exemplo de variação rítmica constituída pela "exposição de um tema de canção de ritmo binário, seguida de uma reexposição variada, no mesmo tom e com ritmo ternário" (Zamacois, 1979, p. 142, tradução nossa). Examine, a seguir, exemplos extraídos da *Canzona em Ré menor para órgão, BWV 588*, de Bach.

Partitura 6.7 – Exemplo de *canzona*: tema

Fonte: Zamacois, 1979, p. 142

Partitura 6.8 – Exemplo de *canzona*: variação

Fonte: Zamacois, 1979, p. 142.

Em uma composição, os contrastes podem ser criados de várias maneiras. A esse respeito, considere o Quadro 6.1. Na primeira coluna, estão designados alguns aspectos musicais que podem ser utilizados para a elaboração de um momento contrastante; na segunda, apresentam-se alguns exemplos de criação de contraste.

Quadro 6.1 – Exemplos de contrastes em uma composição

Produção de contrastes em uma composição	
Altura	Graves/agudos
Dinâmica	Forte/suave
Andamento	Rápido/vagaroso
Modo	Maior/menor
Ritmo	Dentre muitos: um de desenho regular e pouco marcado por oposição a outro entrecortado e bastante acentuado
Tempo ou métrica	Alteração do compasso
Caráter	Alegre/triste; fogoso/calmo; ligeiro/solene etc.
Harmonia	Consonante/dissonante
Modulação	Mudança de tonalidade
Formação	Pequena/grande
Timbre	Uso de instrumentos diferentes
Textura	Densa/espaçada; pesada/ligeira; legato/staccato ou ainda homofônica/polifônica, etc.
Som/silêncio	Silêncio em oposição ao som

Fonte: Elaborado com base em Bennett, 1994.

Repetições, variações e contrastes estão previstos em diferentes formas musicais. Há formas muito simples ou básicas presentes nas grandes formas, como as formas binária e ternária. Nelas também estão implícitos os princípios da repetição e do contraste.

Na **forma binária**, há duas seções A e B contrastantes, relacionadas e comumente repetidas da seguinte maneira: AABB. Nas Partituras 6.9 e 6.10, a seguir, apresentamos um exemplo de forma binária simples, extraído do "Minueto 1" da *Suite for the Royal Fireworks*, HWV 351, de Georg Friedrich Händel (1685-1759). A seção A inicia no compasso 1, e a B, no compasso 9.

Partitura 6.9 – Exemplo de forma binária AABB: "Minueto 1" da *Suite for the Royal Fireworks*, Händel – seção A

Fonte: Bennett, 1986, p. 15.

Partitura 6.10 – Exemplo de forma binária AABB: "Minueto 1" da *Suite for the Royal Fireworks*, Händel – seção B

Fonte: Bennett, 1986, p. 16.

Na **forma ternária**, há três seções ABA, sendo a última uma repetição da primeira ou sua repetição ornamentada. Por seu turno, a seção B é diferente das outras duas (contrastante). Verifique um exemplo de forma ternária simples, extraído do *Album für die*

Jugend, Op. 68, n. 9, "*Volksliedchen*" ("Canções folclóricas"), de Robert Schumann (1810-1856). A seção A1 inicia no compasso 1, a B no compasso 9, e a A2 no compasso 17.

Partitura 6.11 – Exemplo de forma ternária ABA: *Album für die Jugend*, n. 9, "*Volksliedchen*", de Schumann – seções A1, B e A2

Fonte: Bennett, 1986, p. 24-25.

No contexto da música tonal, o movimento de afastamento e aproximação de um centro tonal propicia o desenvolvimento das ideias musicais. A forma musical está intimamente ligada a esse movimento. Nesse sentido, a **forma sonata** foi um caminho de estruturação eficaz na criação e elaboração de obras musicais temáticas de grandes proporções, pois ela permite a apresentação da ideia musical e seu desenvolvimento de maneira progressiva e equilibrada.

A partitura a seguir exemplifica o **movimento inicial** da forma clássica da sonata. O primeiro movimento tem um andamento rápido (vivo). Repare que os procedimentos de repetição, variação e contraste estão presentes, por exemplo, no desenvolvimento dos temas (variação), na relação entre eles (contraste), na modulação (contraste) e na reexposição dos temas (repetição). Analise o exemplo a seguir, extraído do movimento *allegro moderato* da *Sonata em Dó Maior, HOB. XVI:7*, de Joseph Haydn.

Partitura 6.12 – Exemplo de forma sonata: *allegro moderato* da *Sonata em Dó Maior*, de Haydn

Fonte: Holst, 1987, p. 217.

Note que a seção 1 (exposição) termina na barra dupla do compasso 10. No compasso 11, a seção 2 começa, contrastante (desenvolvimento) e, no 17, inicia-se a seção 3 (reexposição).

No Quadro 6.2, descrevemos como ocorre a elaboração do **primeiro movimento da sonata clássica**.

Quadro 6.2 – Sonata clássica – primeiro movimento (andamento vivo)

		Sonata Clássica
		Movimento inicial (andamento vivo)
Exposição (seção 1)	Introdução	Facultativa.
	Tema A	No tom da obra.
	Ponte (transição)	Passagem do tema A para o tema B. Facultativo, mas muito comum. Tem caráter modulante para conduzir ao tema B.
	Tema B	Em uma tonalidade afim, que pode ser da dominante ou relativa maior (se o tema A está na menor) ou uma tonalidade cujo acorde de tônica tenha uma nota comum com a tonalidade do tema A (exceto a tonalidade da subdominante).
	Coda	Facultativa e de livre constituição.
	Repetição	Repetição da exposição (foi abandonada em peças maiores).
Desenvolvimento (seção 2), central	Trabalho temático livre	Utiliza todos ou parte dos elementos da exposição, conduzindo tonalmente de modo que na reexposição entre de novo no tom principal.
Reexposição (seção 3)	Tema A	No tom principal, como na exposição, e igual ou com pequenas modificações.
	Ponte (transição)	Passagem do tema A para o tema B. Facultativo, como na exposição. Pode ser igual ou diferente da exposição. Deve concluir tonalmente de forma que dê origem a nova entrada do tema B.
	Tema B	No mesmo tom que o tema A (tom principal).
	Coda	Facultativa, como na exposição (mais importante aqui que na exposição).
	Repetição	Repetição do desenvolvimento e da reexposição (nos primórdios da forma sonata, depois foi abandonada).

Fonte: Elaborado com base em Zamacois, 1979.

Observe que a ponte ou transição permite inserir um contraste. Schoenberg (1991) afirma que a transição, por si só, já é um contraste. Ela faz a passagem da tonalidade de um tema para a tonalidade do outro e, por isso, tem o caráter modulante. Além disso, ela oportuniza ao compositor o trabalho motívico, preparando a entrada do outro tema. Schoenberg (1991, p. 216) explica que a transição é estruturada sobre quatro elementos: "estabelecimento da ideia transitória (através de uma repetição, frequentemente sequencial), modulação (em vários graus), liquidação das características motívicas e estabelecimento do acorde 'anacrúzico' conveniente". Esse acorde no final da transição propicia a aproximação ou o tensionamento necessário para a entrada da tonalidade do tema seguinte.

A coda é um acréscimo que o compositor faz com o intuito de finalizar uma seção ou o movimento. No entanto, por ser um acréscimo, ela é facultativa.

O **segundo movimento da sonata clássica** tem um andamento lento e é elaborado de maneira mais livre que o primeiro. No Quadro 6.3, a seguir, note que há quatro possibilidades de elaboração extraídas do repertório do período clássico: dois do tipo *lied* (ternário e desenvolvido) e dois do tipo sonata (sem e com desenvolvimento).

Quadro 6.3 – Sonata clássica – segundo movimento (andamento lento)

		Sonata Clássica	
		2º movimento (andamento lento)	
Tipo *lied* ternário	Exposição (seção 1)	Frase principal. Começa no tom escolhido para o movimento e termina geralmente em uma tonalidade vizinha, mas pode terminar também no tom principal. Com repetição.	
		Repetição da frase principal.	
		Frase episódica, de transição modulante, formada com um motivo secundário, novo ou constitutiva de um breve desenvolvimento da anterior. Sua orientação tonal é de conduzir a frase principal.	
		Reexposição da frase principal (total ou parcialmente), no tom de origem e com finalização nele mesmo. Se terminar em outro tom, pressupõe-se modificações com respeito à exposição.	
		Repetição da frase episódica e da principal.	
	Caráter episódico (seção 2)	Utiliza temas novos ou derivados da seção 1. Tem papel de transição e pode ter qualquer das estruturas explicadas para a seção 1. Começa em uma tonalidade vizinha e termina de forma que se entre suavemente na seção 3.	
	Reexposição (seção 3)	Reexposição total ou parcial da primeira na tonalidade de origem, enriquecida melódica ou ritmicamente e às vezes ampliada com um pequeno desenvolvimento.	
Tipo *lied* desenvolvido	Seção 4	De características iguais a seção 2, mas independente da mesma.	
	Seção 5	De característica iguais as das seções 1 e 3. A coda é facultativa.	
Tipo sonata sem desenvolvimento (extraído do adágio da *Sonata para piano n. 5 em Dó menor*, de Beethoven)	Exposição (seção 1)	Tema A	No tom principal.
		Ponte (transição)	Passagem do tema A para o tema B. Conduz para o tom da dominante.
		Tema B	No tom da dominante.
		Coda	Termina no tom da dominante.
	Reexposição (seção 2)	Tema A	No tom principal.
		Ponte (transição)	Passagem do tema A para o tema B. No tom principal.
		Tema B	No tom principal.
		Coda	No tom principal.

(continua)

(Quadro 6.3 - conclusão)

	Sonata Clássica		
	2º movimento (andamento lento)		
Tipo sonata com desenvolvimento (extraído do adágio da Sonata para piano n. 11, em Si bemol Maior, de Beethoven)	Exposição (seção 1)	Tema A	No tom principal.
		Ponte (transição)	Passagem do tema A para o tema B. Conduz para o tom da dominante.
		Tema B	No tom da dominante.
	Desenvolvimento (seção 2)	Trabalho temático livre	Por meio do tema A.
	Reexposição (seção 3)	Tema A	No tom principal.
		Ponte (transição)	Passagem do tema A para o tema B, finalizando no tom principal.
		Tema B	No tom principal e sem o acréscimo da coda.

Fonte: Elaborado com base em Zamacois, 1979.

No primeiro e segundo movimentos, portanto, a forma sonata contém momentos de repetição, variação e contraste, passando de um contrastante para outro de forma suave – por isso, a música flui sem "sobressaltos". Os temas são apresentados e reapresentados no todo ou em partes, com seus motivos variados ou em tonalidades diferentes, de modo a auxiliar o ouvinte na memorização deles. Isso garante os marcos referenciais, necessários para que o ouvinte estabeleça comparações entre o que está ouvindo e o que ouviu anteriormente.

No Quadro 6.4, a seguir, detalhamos o **terceiro movimento da sonata clássica** e seus dois tipos principais de elaboração: o minueto de sonata e o scherzo.

Quadro 6.4 – Sonata clássica – terceiro movimento (minueto ou scherzo)

		Sonata Clássica	
		3º movimento – minueto ou scherzo	
Tipo minueto de sonata	Minueto (seção 1)	Tema ou frase principal	Pode terminar no tom da dominante ou no do relativo maior, se o tom principal está em menor (e às vezes no tom principal).
		Repetição	Do tema ou frase principal.
		Episódio	Derivado do tema ou frase anterior. Pode ser constituído por um elemento novo que conduz à reexposição.
		Reexposição	No todo ou em parte do tema ou frase principal. Termina no tom principal.
		Coda	Facultativa.
		Repetição	Do episódio, reexposição e coda.
	Trio (seção 2)	Tema ou frase principal	A tonalidade da seção 2 pode ser a mesma da seção 1 (mudando ou não o modo) ou uma que tenha alguma nota comum entre os respectivos acordes de tônica. Às vezes, o tema ou frase principal pode ser destacado por contraste com o da seção 1; pode terminar com uma cadência conclusiva ou suspensiva, que facilite a entrada da seção seguinte.
		Repetição do tema ou frase principal	
		Episódio	
		Reexposição no todo ou em parte do tema ou frase principal	
		Coda	
		Repetição do episódio, reexposição e coda	
	Reexposição (seção 3)	Tema ou frase principal	Reexposição da seção 1, sem as repetições.
		Episódio	
		Reexposição no todo ou em parte do tema ou frase principal	
		Coda	Coda final facultativa, que substitui ou utiliza-se a da seção 1.

(continua)

(Quadro 6.4 - conclusão)

Sonata Clássica			
3º movimento - minueto ou scherzo			
Tipo scherzo (extraído do scherzo da Sonata para piano n. 3 em Dó Maior, de Beethoven)	Scherzo (seção 1)	Tema principal	No tom principal, com cadência final no tom da dominante.
		Repetição	Do tema principal.
		Episódio	Sobre o tema principal, no tom da dominante.
		Reexposição	Do tema principal no tom principal.
		Coda	Utilizando o mesmo elemento temático.
	Trio (seção 2)	Repetição	Do episódio, reexposição e coda.
		Tema principal	Tom relativo menor da tonalidade principal.
		Episódio	No tom relativo menor da dominante do tom principal.
		Reexposição	Do tema principal. Termina no tom relativo menor da tonalidade principal.
		Repetição	*Escrita* do episódio e da reexposição. Finaliza a reexposição com cadência suspensiva, com acorde de sétima de dominante do tom principal.
	Reexposição (seção 3)	Reexposição	Da capo da seção 1.
		Coda	Da seção 1, ampliada.

Fonte: Elaborado com base em Zamacois, 1979.

Observe, na sequência, um exemplo de minueto-trio, extraído do terceiro movimento de *Eine kleine Nachtmusik* ("Pequena serenata noturna"), *K525*, de Wolfgang Amadeus Mozart.

Partitura 6.13 – Exemplo de minueto-trio

Fonte: Bennett, 1986, p. 45

Nesse minueto-trio de Mozart, repare que a barra dupla auxilia na configuração das seções. No minueto, a primeira barra dupla do compasso 8 indica o final do tema e sua repetição. Do compasso 9 ao 17, com a barra dupla, há o episódio e a reexposição do tema principal, com a repetição finalizando o minueto. No compasso 18, inicia-se o tema do trio, seguindo até o compasso 26, com repetição de todo o trecho. A partir do compasso 27 (28 - anacruse), começa o episódio, seguindo para a reexposição do tema e finalizando no compasso 39, com repetição.

Como você pode notar, a repetição e o contraste possibilitam a estruturação da forma musical. Tendo isso em mente, observe agora um exemplo simples de forma rondó, extraída do *"Rondeau"* da ópera *The Fairy Queen*, de Henry Purcell.

Partitura 6.14 – Exemplo de forma rondó

Fonte: Bennett, 1986, p. 51.

O compositor apresenta um tema principal na tônica (compasso 1 a 8), um episódio contrastante (compasso 9 a 16), repete o tema principal (compasso 17 a 24), seguido de novo episódio (compasso 25 a 32) e nova entrada do tema (33 a 40).

Do mesmo modo, em todos os movimentos da forma sonata há sempre a apresentação da ideia (temas ou frases), seguida de um contraste (episódio ou desenvolvimento) e da reapresentação da ideia (reexposição). No **quarto e último movimento da sonata clássica**, de andamento rápido, também há algumas possibilidades de formas musicais que foram utilizadas, como a do tipo sonata (exposição, desenvolvimento e reexposição), rondó-sonata, variação e até mesmo a fuga. No Quadro 6.5, detalhamos a forma do tipo rondó-sonata, utilizada no último movimento.

Quadro 6.5 – Sonata clássica – quarto movimento (final – andamento vivo)

Tipo rondó-sonata (ou rondó desenvolvido)	Tema[1]	Tema	Faz às vezes de tema A, do tipo sonata. No tom principal.
	Episódio 1	Elemento de transição	Facultativo.
		Tema novo	Equivale ao tema B. Exposto em tonalidade afim.
	Tema	Reexposição	Total ou parcial do refrão 1; no tom principal.
	Episódio 2	Elemento novo ou desenvolvido dos anteriores	De construção livre. Em uma tonalidade nova, mas vizinha.
	Tema	Reexposição	Total ou parcial do refrão 1; no tom principal.
	Episódio 3	Reexposição	Do verso 1, na forma e com o processo tonal característico da reexposição do tipo sonata; no tom principal.
	Tema	Reexposição	Total ou parcial do refrão 1; no tom principal.
	Coda	Construção livre	No tom principal.

Fonte: Elaborado com base em Zamacois, 1979.

[1] Nota: Zamacois (1979) utiliza os termos *refrão* (estribillo) e *estrofe* (copla), ao invés de *tema* e *episódio*.

No quarto e último movimento da sonata, podemos observar uma forma que sempre retorna à ideia apresentada no início (como no *"Rondeau"* de Purcell). Esse retorno ajuda o ouvinte a estabelecer, a cada contraste, comparativos com a ideia principal.

A forma sonata clássica foi utilizada ou adaptada para a composição de sinfonias e concertos clássicos. Foi aperfeiçoada com o passar do tempo e é empregada até hoje em composições. Desde o século XX, o debate sobre formas musicais avançou muito, pois se ampliaram as possibilidades de se estruturar a música. A tonalidade, importantíssima na estruturação de formas tradicionais, como a sonata clássica, passou a conviver com o atonalismo e o não tonalismo - abordagens musicais que prescindem do discurso tonal tradicional. Além disso, a música elaborada com base em temas cedeu espaço para outras formas de estruturação, por exemplo, calcadas em texturas contrastantes de maior ou menor densidade sonora. No entanto, a forma sonata ainda é um bom e claro exemplo de como o compositor pode criar momentos de repetição, variação e contraste, de maneira equilibrada e coerente. Ademais, guardando-se as devidas especificidades, a ideia de exposição, desenvolvimento e reexposição e a maneira de estruturar essas partes em seções podem ser consideradas em outros tipos de abordagens musicais.

6.2 Planejamento e parâmetros para a estruturação da composição

O planejamento de uma composição está ligado à sua finalidade e aos recursos de que se dispõe. Por exemplo, uma composição destinada a uma apresentação ao vivo requer uma avaliação prévia do local de apresentação, da acústica, do número de intérpretes e da possibilidade de haver ou não amplificação. Uma apresentação ao ar livre é diferente daquela feita em um teatro, no qual há um maior controle do comportamento sonoro produzido no ambiente. Uma orquestra sinfônica pode funcionar muito melhor ao se apresentar na concha acústica da praça do que um quarteto de cordas, pois produz muito mais intensidade sonora. Essas situações podem ser minimizadas quando há amplificação do som, mas isso não quer dizer que não haverá perdas. A captação, o processamento e a amplificação do som, tanto de pequenos quanto de grandes grupos musicais, agregam intensidade ao som produzido, projetando-o a uma distância suficiente para que as pessoas possam ouvir a apresentação da música ao ar livre. Por outro lado, a qualidade sonora da apresentação não depende somente da qualidade dos equipamentos de captação, processamento e amplificação do sinal de áudio; depende também dos profissionais que os manipulam. Cabe lembrar, ainda, que o resultado sonoro da voz ou de um instrumento captado, processado e amplificado é diferente de seu som acústico.

Em contrapartida, esses aspectos praticamente inexistem se a finalidade da composição é o registro em estúdio (como no caso de uma gravação de uma trilha sonora) – local que dispõe de controle acústico do som e de equipamentos para corrigir deslizes de interpretação (ritmo, dinâmica, notas erradas etc.) e melhorar a qualidade sonora de um instrumento musical, por meio da equalização de frequências, por exemplo. Em outras palavras, no estúdio, consegue-se fazer soar tudo o que o compositor escreve. Já os *pizzicatos* nas cordas previstos com dinâmica suave (p) podem sumir quando da apresentação da orquestra sinfônica ao ar livre – diferentemente daquele *tutti* em fortíssimo (fff) com os tímpanos, as cordas, as madeiras e os metais.

E como isso impacta a composição? É possível substituir os *pizzicatos* em piano (p) por algo que soe mais ou cujo resultado tenha mais intensidade sonora. Porém, isso envolve modificar a composição – se possível, antes da apresentação (nos ensaios, por exemplo) – ou concebê-la já prevendo as condições de execução da obra – sem dúvida, a melhor opção.

Outro aspecto que deve ser considerado e que já comentamos aqui se refere ao potencial musical do grupo para o qual se está compondo e/ou suas características. Não adianta escrever um samba de breque para um conjunto especializado em música barroca alemã.

Da mesma forma, escrever algo muito complexo para um grupo de jovens iniciantes não é o mais adequado nem surtirá bons resultados. Os instrumentos e as vozes disponíveis também são determinantes para realizar a instrumentação necessária à composição.

Quando se trata de composição para cinema, publicidade e televisão, o tempo de duração da música é crucial. Para calcular quantos compassos é preciso produzir, deve-se considerar os seguintes elementos:

- A = **andamento**;
- T = quantidade total de **tempos do compasso** (tempos);
- D = tempo de **duração da música** (em segundos);
- C = número de **compassos**.

Suponhamos que A = 120 batidas por minuto (bpm) e D = 3 min 28 s (208 segundos) e se deseja determinar T e C. Para identificar a quantidade de compassos, calcula-se primeiro a quantidade total de tempos dos compassos da música (T), fazendo a seguinte regra de três:

60 segundos (1 minuto) / D = A / T
60 / 208 = 120 / T
60 × T = 120 × 208
60T = 24.960
T = 24.960 / 60
T = 416 tempos

Para descobrir a quantidade de compassos, divide-se o número total de tempos pela quantidade de tempos por compasso:

> C = T/tempos por compasso

Para quatro tempos por compasso (4/2, 4/4, 4/8 etc.), o cálculo é:

> C = T/tempos por compasso
> C = 416/4
> C = 104 compassos

Isso significa que, considerando-se quatro tempos por compasso e um andamento de 120 bpm, para criar 3 minutos e 28 segundos de música, são necessários 104 compassos.

Modificando-se para três tempos por compasso (3/4, 3/8, 3/16 etc.), o cálculo será o seguinte:

> C = T/ tempos por compasso
> C = 416/3
> C = 138,67 compassos (aproximadamente, 139 compassos)

Nesse caso, o número de compassos não é exato. Para obter a quantidade exata de compassos e ajustá-la ao tempo de música a ser elaborado, pode-se:

- modificar o número de tempos por compasso (no caso do exemplo, pode-se manter os quatro tempos por compasso ou modificar para dois tempos por compasso);
- alterar o andamento (A) e recalcular, de modo que T seja um número múltiplo daquele que representa a quantidade de tempos por compasso: 2, se forem dois tempos por compasso;

3, se forem três tempos por compasso; 4, se forem quatro tempos por compasso, e assim por diante.

E em que saber a quantidade total de compassos pode ajudar no planejamento de uma composição? Para responder a essa questão, tomemos como referência os dados do exemplo anterior:

Andamento (A) = 120 bpm
Tempo de duração da música (D) = 3 min 28 s
Número de compassos (C) = 104

É possível planejar a composição segundo o número de compassos, conforme esquematizado no Quadro 6.6.

Quadro 6.6 – Exemplo de planejamento de uma composição

Exposição	Seção 1
Introdução	8 compassos
Tema A	16 compassos
Transição	4 compassos
Tema B	16 compassos (no tom da dominante)
Desenvolvimento	**Seção 2**
24 compassos (modulante – retornando para a tonalidade inicial)	
Reexposição	**Seção 3**
Tema A	16 compassos
Transição	4 compassos (transição modificada da exposição)
Tema B	16 compassos (na tonalidade inicial)
Total	**104 compassos**

Com base nesse roteiro, também é possível indicar a instrumentação em cada seção. Por exemplo, dispondo-se somente de um piano, uma flauta e um clarinete, uma alternativa (entre muitas) seria o que está expresso no Quadro 6.7.

Quadro 6.7 – Exemplo de planejamento de uma composição com indicação de instrumentação

Exposição	Seção 1	
Introdução	8 compassos	piano
Tema A	16 compassos	piano e clarinete
Transição	4 compassos	piano
Tema B	16 compassos (no tom da dominante)	piano e flauta
Desenvolvimento	**Seção 2**	
	24 compassos (modulante – retornando para a tonalidade inicial)	piano, flauta e clarinete
Reexposição	**Seção 3**	
Tema A	16 compassos	piano e flauta
Transição	4 compassos (transição modificada da exposição)	piano e clarinete
Tema B	16 compassos (na tonalidade inicial)	piano, flauta e clarinete
Total	**104 compassos**	

Essa é somente uma das maneiras de planejar uma composição, com base na quantidade de compassos. Pode-se criar um único tema e, no lugar do desenvolvimento, inserir um tempo maior de improviso, por exemplo. No entanto, se o objetivo for compor com base em um texto ou roteiro, é possível que o próprio texto norteie a estruturação da música, pois uma forma musical já consagrada (como a sonata) pode não se adequar à tarefa em foco.

Por que isso acontece? Porque, nesse caso, a música é funcional, isto é, está a serviço de algo que não ela mesma (por exemplo, um texto ou roteiro). Assim, esse "algo" a que a música "serve" influencia sua estruturação ou configuração final. Contudo, os princípios da repetição, da variação e do contraste permanecem para que se possa elaborar a música de uma maneira ou de outra.

Outro aspecto importante no planejamento da composição é a tonalidade. Há que se considerar sua adequação em relação ao cantor e/ou aos instrumentos utilizados (inclusive os transpositores). Além disso (e não menos importante), é preciso decidir sobre o tipo de abordagem musical a ser utilizado: Tonal ou atonal? Dissonante ou consonante? Aqui, vale reforçar que, além das características dos intérpretes (de que tratamos anteriormente), por vezes – ou, talvez, na maioria delas – o compositor trabalha sob demanda, isto é, compõe uma música encomendada por terceiros. Isso significa que, nesse cenário, é possível que o compositor não tenha autonomia para realizar sua criação. Isso é muito comum em composições destinadas a cinema, teatro, publicidade, televisão e outros meios nos quais há pessoas que decidem pela pertinência ou não da utilização da música.

Há, também, a demanda por composições didáticas, ou seja, voltadas para a aprendizagem de algum conteúdo musical. Nesse caso, o compositor tem de pensar em uma composição que ressalte, destaque ou favoreça a aprendizagem de um ou mais elementos musicais. A estruturação da composição, por exemplo, pode estar relacionada a uma ou mais habilidades ou competências associadas a determinada faixa etária. Nesse sentido, as especificidades, o estágio de desenvolvimento ou a prontidão psicofísica do público-alvo a que se destina a música (crianças, adultos, idosos etc.) são determinantes. Considerando-se o exposto, o conhecimento do público-alvo ao qual se destina a música é fundamental. Esse é um dado importante também nas composições voltadas para o mercado publicitário. As agências de publicidade esperam que o compositor compreenda o público ao qual se destina a composição, de modo que provoque nele uma identificação imediata com sua música e, com isso, aumente as chances de venda de uma ideia ou de um produto.

6.3 Elaboração da composição

Suponhamos uma situação em que amigos estejam conversando a respeito de futebol. Um dos interlocutores pode iniciar contando sobre seu time preferido, o desempenho no último jogo e a classificação dele no campeonato nacional. Na sequência, fala sobre os próximos jogos e os desafios que a equipe terá pela frente para ter chances de disputar a final do campeonato. Pode finalizar a conversa manifestando sua esperança de que isso ocorra, diante da recente contratação de um novo craque.

Essa seria uma narrativa focada em um assunto, coerente, que se desenvolve durante a conversa e que tem começo, meio e fim. Podemos fazer uma analogia com a composição: ela deve ser coerente, focada em uma ideia que se desenvolve e que tem começo, meio e fim. Com base no que expusemos até aqui, uma ideia repetida tal e qual ou ligeiramente variada é sempre uma afirmação dessa ideia. A repetição também confere unidade à composição, uma vez que possibilita o desenvolvimento da ideia principal ou sua apresentação em um novo contexto (por exemplo, uma melodia com uma harmonia diferente da inicial ou em outro tom).

O contraste pode surgir como uma nova ideia ou como elemento que, propositadamente, distancia-se da ideia inicial para afirmá-la depois ou para entrar em acordo no momento do desenvolvimento e repeti-la em seguida. Assim, é possível iniciar uma composição com uma introdução baseada na harmonia do tema principal ou em alguns dos seus elementos e finalizá-la (uma coda) utilizando alguns motivos apresentados durante a música. Também se pode iniciá-la e/ou terminá-la de maneira súbita ou aos poucos, progressivamente. Enfim, essas são algumas questões gerais relacionadas à composição que não dependem muito dos recursos e procedimentos empregados.

Já deve estar claro que não existe uma fórmula mágica para compor. Para realizar sua criação, o compositor pode utilizar tudo o que apresentamos aqui – o que representa uma parte diminuta da herança deixada pelos compositores de tradição europeia ocidental. Há outros recursos e procedimentos que advêm da prática composicional e, vale destacar, estão a serviço da criação musical – e não o contrário. A mente do compositor não deve estar subordinada à técnica ou ao procedimento em si. O profissional deve experimentá-los para poder rejeitá-los, se entender que não lhes são úteis. Por essa razão, quanto maior for a bagagem musical do compositor, maior será a quantidade de recursos de que lançará mão para elaborar sua ideia. Em outras palavras, o compositor é um **pesquisador musical** incansável, atento aos diferentes tipos de repertório, sempre considerados em relação à época e ao lugar em que foram criados, para que, com isso, possa compreendê-los melhor – e aqui vale destacar a importância do conhecimento sociológico e histórico da música.

6.4 Escrita e comunicação da composição

Quando o compositor é o intérprete de sua composição, é comum que ele produza e registre sua criação, valendo-se de um equipamento de gravação e de um *software* de produção musical. No entanto, ele também pode delegar a outros intérpretes a execução de sua obra, caso em que se exige uma comunicação clara e objetiva. Nesse sentido, é fundamental que ele saiba se expressar de modo que outros músicos possam compreendê-lo, o que, normalmente, é feito utilizando-se a **notação musical**.

Certamente, muitas vezes, a letra de uma canção com cifras anotadas e indicações de andamento e gênero é suficiente para um baixista habituado com o repertório da música popular. Entretanto, se o compositor deseja ter controle do resultado, isso não é o bastante, pois o músico pode ter uma ideia distinta da sua sobre a execução do baixo. Além disso, quanto maior é a complexidade da música, maior é a necessidade de o compositor deixar claro o que deseja. Imagine uma composição escrita para uma orquestra com 80 músicos! Comunicar-se com clareza e objetividade aumenta as chances de o resultado ser mais próximo daquele que o compositor imaginou. Considerando-se que a escrita musical ainda é a melhor forma de comunicação entre músicos, vale a pena atentar para alguns detalhes que podem fazer a diferença quanto à clareza e à objetividade.

Há vários *softwares* editores de música que possibilitam a escrita na pauta, com um resultado impresso muito bom. Aprender a utilizá-los minimiza os problemas de comunicação com o intérprete da composição, além de conferir um acabamento profissional à partitura. Todavia, se, em virtude das circunstâncias, for preciso utilizar um caderno pautado, o compositor tem de lembrar que a clareza começa com a caligrafia. Quando um músico que desconhece a composição não sabe se o compositor escreveu na pauta um Dó (que parece Ré) sustenido (mas que também pode ser bemol), surge um problema de comunicação. Outro dado importante diz respeito àquilo que é entregue ao músico. Ao se utilizar um lápis de ponta dura, como um HB, por exemplo, corre-se o risco de comprometer a execução pelo fato de o músico não enxergar direito as anotações. Se o registro manuscrito é inevitável, deve-se usar um lápis de ponta mole, do tipo 4B, para que a escrita fique mais visível. Também não adianta entregar ao músico um manuscrito escrito à caneta mas cheio de rabiscos.

É preciso fornecer ao músico todas as informações necessárias para a execução, isto é, não basta registrar a clave, a armadura, o compasso e as figuras. O compositor deve ser claro, objetivo e generoso nas informações prestadas. Além disso, as notações aplicadas têm de ser apropriadas e pertinentes aos instrumentos previstos na composição. Para isso, convém consultar um manual de instrumentação, que ensina a escrever conforme a especificidade e as possibilidades técnicas de cada instrumento.

Quanto à ordem dos instrumentos na grade, o critério é indicar, na sequência, primeiro os instrumentos mais agudos, seguidos dos mais graves, na seguinte ordem (de cima para baixo): madeiras, metais, percussão, instrumentos polifônicos (piano, harpa etc.) e cordas. Observe um exemplo na Figura 6.1.

Figura 6.1 – Exemplo de ordenação dos instrumentos na grade

Instrumentos de sopro (madeiras)
- Flauta
- Oboé
- Corne inglês
- Clarinete em B♭
- Clarinete baixo
- Fagote
- Contrafagote

Instrumentos de sopro (metais)
- Trompas em Fá
- Trompete em B♭
- Trombone
- Tuba

Instrumentos de percussão
- Tímpanos
- Percussão

Instrumentos polifônicos
- Harpa
- Piano

Instrumentos de corda (friccionada)
- Violinos I
- Violinos II
- Violas
- Violoncelos
- Contrabaixo

Para facilitar a leitura da música, é importante manter as proporções entre as durações das notas, de acordo com os tempos do compasso, além de promover o devido alinhamento rítmico entre pautas e sistemas, conforme pode ser observado na Partitura 6.15.

Partitura 6.15 – Alinhamento rítmico entre pauta e sistema

Essas duas últimas sugestões são importantes porque facilitam a leitura da música para instrumentistas, cantores e regentes. Afinal, uma partitura organizada e bem-escrita agiliza os ensaios, além de evitar erros na execução da composição.

6.5 Sugestões de usos e repertórios

A forma musical sugere a estruturação geral de uma música de modo que o ouvinte possa percebê-la equilibradamente durante seu tempo de vigência. Essa estruturação em senso amplo prevê repetição, variação e contraste para que haja equilíbrio entre as partes que a constituem. Ademais, é necessário preencher tais partes com ideias musicais, repetindo-as, variando-as e contrastando-as a fim de obter como resultado uma música interessante. Em virtude disso, durante o ato de criação de sua música, o compositor constata e avalia, constantemente, a relação por ele estabelecida entre a configuração geral – dada pela forma musical – e a específica – a qual contempla os detalhes de elaboração das ideias musicais e que preenchem a forma musical.

Grosso modo, é como se a forma fosse o esqueleto, e a variedade dos materiais utilizados para a elaboração da(s) ideia(s) musical(is) fossem os músculos a ele ligados. Além disso, da mesma maneira que há um equilíbrio na relação entre músculos e ossos, na composição musical também deve haver um equilíbrio entre o desenvolvimento de uma ideia já existente e a inserção de novas concepções. Uma música com ideias diferentes que se sucedem continuamente pode passar a impressão de que ela não tem direção. Nesse caso, a solução seria promover um equilíbrio entre contraste e repetição.

Sob essa ótica, desenvolver uma ideia a partir de uma melodia ou de um motivo – apesar de não ser a única forma – é um excelente treino para se apurar o olhar sobre os aspectos global e específico da música, bem como para avaliar a relação entre eles e suas implicações. Nesse sentido, as 32 sonatas compostas por Ludwig van Beethoven (1770-1827) são uma importante fonte de aprendizagem. Vale a pena escutá-las tendo em mãos a partitura. Atualmente, a estruturação de uma composição não é feita somente com base na tonalidade. Com o tempo, os compositores criaram várias maneiras de estruturar uma música, diante da necessidade de expressão de uma ideia musical e de acordo com o desafio que se apresentava diante deles.

Arnold Schoenberg (1874-1951), por exemplo, utilizou o texto como guia para auxiliá-lo na estruturação de *Erwartung*, uma peça de grande porte atonal e atemática (sem tonalidade e sem tema definidos). Posteriormente, o compositor criou o **serialismo**, no qual se determina uma ordem fixa para as 12 notas da escala cromática, a chamada *série*, utilizando-a para formar acordes e melodias. A *Sinfonia*, de Anton Webern (1883-1945), um dos alunos de Schoenberg, mostra com clareza a utilização do serialismo, apresentando, logo no início, a série que será utilizada.

No repertório do século XX, por exemplo, podem ser identificadas várias maneiras de o compositor estruturar uma música empregando abordagens diferentes para os intervalos melódicos e/ou harmônicos. Em *Petrushka*, Igor Stravinsky (1882-1971) recorre à superposição de várias tonalidades (politonalidade). Na obra *Atmosphères*, para grande orquestra, de György Ligeti (1923-2006), o compositor explora a estaticidade e a transformação, por meio de um cluster (acorde formado por segundas maiores e menores) que se transforma interna e timbricamente. Já Alois Hába (1893-1973), compositor tcheco, utilizou intervalos menores que um semitom, como no Quarteto de cordas n. 14, música composta em quartos de tom.

Por seu turno, John Cage (1912-1992) introduziu o **acaso**[2] em sua música utilizando o livro chinês *I Ching* para compor. Em *Music of Changes*, para piano solo, o compositor usou tal método para determinar a sequência de notas ou de um grupo delas que deveria ser usada em certo momento. Witold Lutoslawski (1913-1994), inspirado em Cage, compôs *Jeux vénitiens* ("Jogos venezianos"), para orquestra, em que ele determina a forma geral, mas permite que

• • •
2   O acaso, em música, retira do compositor o controle sobre um ou mais aspectos da composição.

os músicos tenham alguma liberdade em determinadas seções da música, trabalhando, assim, o elemento do acaso.

Não é o escopo desta obra discutir a questão formal na música dos séculos XX e XXI, mesmo porque este livro tem um caráter introdutório. No entanto, há muitos exemplos interessantes desse tipo de repertório que são úteis para apreciar e estabelecer comparações com base no que foi tratado aqui. A seguir, no Quadro 6.8, listamos alguns recursos de que você, compositor(a) iniciante, já dispõe para compor, considerando os conteúdos abordados neste capítulo.

Quadro 6.8 – Lista de recursos do compositor

Estruturação	Divisão da música em partes (seções e movimentos)
	Repetição, variação e contraste de uma ideia musical
	Repetição: estilo imitativo
	Variação: ornamental, decorativa e amplificada
	Contraste: altura; dinâmica; andamento; modos maior e menor; ritmo; métrica; caráter; harmonia; modulação; formação; timbre; textura som e silêncio
Forma musical	Formas simples: binária e ternária
	Forma sonata clássica: 1º movimento; 2º movimento (tipo *lied* ternário e desenvolvido; tipo sonata com e sem desenvolvimento); 3º movimento (tipo minueto de sonata e *scherzo*); 4º movimento (tipo rondó-sonata)
Planejamento	Parâmetros: número e potencial dos intérpretes; acústica do ambiente; amplificação; gravação em estúdio; tempo de duração da música; linguagem; tonalidade; música funcional (educativa, publicitária, para filmes etc.)
	Estimativa do número de compassos em função da duração da música e vice-versa
Comunicação e escrita	Clareza e objetividade

Síntese

Neste capítulo, discorremos sobre os fundamentos das formas musicais, as quais são compreendidas como a organização dos elementos musicais de maneira lógica e coerente, na qual a memória tem um papel importante como mecanismo de retenção dos momentos de repetição, variação e contraste. Explicamos que a imitação de uma ideia deu origem ao estilo imitativo, o que resultou nas formas polifônicas, como o cânone e a fuga. Também tratamos dos tipos de variação, exemplificando-os com trechos de obras de Beethoven, e versamos sobre as diferentes possibilidades de se obter contraste em uma composição.

Na sequência, apresentamos as formas binária e ternária como as mais simples, as quais contemplam os princípios estruturantes de repetição e contraste. Examinamos, ainda, a forma sonata, um bom exemplo de estruturação musical, destacando as especificidades de cada um de seus quatro movimentos.

Em seguida, discutimos alguns aspectos que podem ser levados em consideração no planejamento da composição musical e em sua elaboração, com ênfase no fato de que os recursos e procedimentos devem estar a serviço da criação musical. Além disso, ressaltamos que o registro em partitura deve ser claro, com o objetivo de que o compositor comunique eficientemente suas intenções sem dar margem a dúvidas no ensaio ou na apresentação de sua música. Por fim, apresentamos um repertório para apreciação, além de uma lista dos recursos aos quais o compositor pode recorrer, com base no que foi tratado neste capítulo.

Atividades de autoavaliação

1. Sobre os fundamentos das formas musicais, é correto afirmar que:
   a) uma composição pode ser entendida como um conjunto de ideias cuja organização é proposta pelo compositor.
   b) como a música tem um caráter artístico e não científico, a lógica e a coerência não fazem parte do trabalho de composição.
   c) o equilíbrio das partes no período de vigência da música diz respeito à harmonia.
   d) a divisão da música em partes auxilia na composição de melodias.
   e) somente a forma musical é orientada pela variação.

2. Com base no que expusemos neste capítulo acerca do estilo imitativo, assinale V para as proposições verdadeiras e F para as falsas.
   ( ) O cânone e a fuga são formas musicais derivadas do estilo imitativo.
   ( ) No cânone, a imitação ocorre durante a seção final da música.
   ( ) O estilo imitativo é um estilo de escrita no qual uma ou várias partes vocais e/ou instrumentais imitam o que outra voz fez antes.
   ( ) Na fuga, um tema designado como sujeito é respondido com uma imitação dessa ideia, a resposta.

Agora, assinale a alternativa que corresponde à sequência correta de preenchimento dos parênteses, de cima para baixo:

a) F, F, V, F.
b) V, V, V, F.
c) F, V, F, V.
d) F, F, V, V.
e) V, F, V, V.

3. Com relação às variações, assinale a alternativa que completa corretamente a seguinte frase:

Na variação _____, as modificações ou transformações são realizadas _____.

a) decorativa – somente na melodia
b) ornamental – no próprio tema
c) amplificada – na harmonia e no contraponto
d) ornamental – na harmonia e no contraponto
e) decorativa – no tema, de modo que dele só reste algum fragmento, com o qual se cria uma ideia temática

4. Considerando a forma sonata, assinale V para as proposições verdadeiras e F para as falsas.
( ) O desenvolvimento da forma sonata pouco colaborou para a estruturação de obras de grande proporção.
( ) Na forma sonata clássica, o primeiro movimento geralmente é um rondó.

( ) O segundo movimento da sonata clássica tem um andamento lento e é elaborado de maneira mais livre que o primeiro.

( ) O minueto de sonata e o *scherzo* são os dois tipos principais de elaboração do terceiro movimento da sonata clássica.

Agora, assinale a alternativa que corresponde à sequência correta de preenchimento dos parênteses, de cima para baixo:

a) F, F, V, F.
b) V, V, V, F.
c) F, V, F, V.
d) F, F, V, V.
e) V, F, V, V.

5. A respeito das formas binária e ternária, é correto afirmar que:
a) na binária, não há seção contrastante.
b) na ternária, há uma seção que se repete três vezes (AAA).
c) em ambas estão implícitos os princípios da repetição e do contraste.
d) em ambas está implícito somente o princípio do contraste.
e) em ambas está implícito somente o princípio da variação.

Atividades de aprendizagem

Questão para reflexão

1. *Atmosphères*, para grande orquestra, de György Ligeti, é um exemplo de que a estaticidade pode ser uma característica musical determinante, e que a transformação pode ocorrer por

meio de um *cluster* que se transforma interna e timbricamente. Com base nessa referência, você acredita que, atualmente, a forma musical permanece como uma questão importante a ser discutida? Por quê? Reflita sobre isso.

Atividade aplicada: prática

1. Elabore um movimento lento de sonata com duração de três minutos. Determine o andamento (bpm) e a fórmula de compasso, quantificando o número total de compassos. Depois, planeje a forma musical de acordo com a quantidade de compassos, indicando a instrumentação desejada em cada seção, e escreva sua música. Para finalizar, compare o resultado com o planejamento que você elaborou.

CONSIDERAÇÕES FINAIS

Há muito que os compositores de tradição europeia ocidental têm refletido sobre a criação musical. Portanto, não é simples condensar em um único livro os muitos aspectos e a diversidade de repertórios que envolveram – e envolvem – o ato de compor, mesmo que seja de forma introdutória. A escolha de um caminho implica, necessariamente, abandonar outros que também seriam possíveis de percorrer.

No decorrer dos capítulos desta obra, buscamos traçar um roteiro que conectasse os diferentes aspectos relacionados à abordagem sucessiva e simultânea dos sons, incluindo sua relação com a palavra. Para isso, exploramos diferentes possibilidades de elaboração melódica, considerando-a não só isoladamente, mas também inserida em um contexto sonoro mais amplo, como em composições instrumentais e vocais, com exemplos e sugestões que pudessem servir como referências para a elaboração composicional. Da mesma forma, optamos por discorrer e debater sobre a abordagem simultânea dos sons e os conteúdos a eles relacionados, como acordes, texturas, conjuntos instrumentais e vocais, entre outros, destacando alguns exemplos do repertório musical ocidental que podem ser utilizados como referência para a criação musical.

Os exemplos utilizados neste livro e em diálogo com o texto foram fundamentais e preciosos na compreensão dos aspectos composicionais. Assim, como um caminho que pode levar ao destino desejado, esperamos que este livro contribua para o desenvolvimento do pensamento voltado à criação musical.

REFERÊNCIAS

ALMADA, C. **Arranjo**. Campinas: Ed. da Unicamp, 2000.

ALMADA, C. **Harmonia funcional**. Campinas: Ed. da Unicamp, 2009.

BACH, J. S. **Ach Gott, wie manches Herzeleid, BWV 3**. Leipzig, 1725. 1 partitura.

BEETHOVEN, L. **Fourth and Fifth Symphonies in Full Score**. Nova York: Dover Publications, 1976.

BEETHOVEN, L. **Sinfonia n. 6 em Fá Maior, Op. 68**. Nova York: Dover Publications, 1989.

BEETHOVEN, L. **Sinfonia n. 9, Op. 125**. Disponível em: <https://imslp.org/wiki/Symphony_No.9%2C_Op.125_(Beethoven%2C_Ludwig_van)>. Acesso em: 18 maio 2022.

BENNETT, R. **Elementos básicos da música**. Rio de Janeiro: J. Zahar, 1994.

BENNETT, R. **Forma e estrutura na música**. Rio de Janeiro: J. Zahar, 1986.

BORDINI, R. M. **Notas melódicas**. Disponível em: <http://musica.ufma.br/bordini/cons/n_mel/n_mel.htm>. Acesso em: 25 maio 2022.

CHEDIAK, A. **Dicionário de acordes cifrados**: harmonia aplicada à música popular. São Paulo: Irmãos Vitale, 1984.

COPE, D. **Techniques of the Contemporary Composer**. Belmont: Schirmer/Thomson Learning, 1997.

DOURADO, H. A. **Dicionário de termos e expressões da música**. São Paulo: Ed. 34, 2004.

FAURÉ, G. **Pavane, Op. 50**. 1 partitura. Disponível em: <https://imslp.org/wiki/Pavane,_Op.50_(Fauré,_Gabriel)>. Acesso em: 25 maio 2022.

FRIED, W. **The Rite of Spring**: An Original Solo Piano Transcription of Stravinsky's 1913 Ballet with Annotations and Historical Notes. San Diego: ProQuest, UMI Dissertation Publishing, 2011.

GUEST, I. **Arranjo**: método prático. Rio de Janeiro: Lumiar, 1996. v. 1.

GUEST, I. **Harmonia**: método prático. São Paulo: Irmãos Vitale, 2010. v. 2.

HERRERA, E. **Técnicas de arreglos para la orquesta moderna**. Barcelona: A. Bosch, 1995.

HOLST, I. **ABC da música**. São Paulo: M. Fontes, 1987.

JARRETT, S.; DAY, H. **Composição musical para leigos**. Rio de Janeiro: Alta Books, 2016.

KENNAN, K. **Counterpoint**. New Jersey: Prentice Hall, 1987.

KON, F. Computação musical: aula 2. **Instituto de Matemática e Estatística**, 9 ago. 2007. Disponível em: <https://www.ime.usp.br/~kon/MAC5900/aulas/Aula2.html>. Acesso em: 25 maio 2022.

KOSTKA, S. **Materials and Techniques of Twentieth-Century Music**. New Jersey: Pearson Prentice Hall, 2006.

MARTINEAU, J. **Os elementos da música**. melodia, ritmo e harmonia. São Paulo: É Realizações, 2017.

MED, B. **Teoria da música**. Brasília: Musimed, 1996.

MENEZES, F. **A acústica musical em palavras e sons**. Cotia: Ateliê, 2003.

MOZART, W. A. **Piano Sonata no. 11 in A major, K. 331/300i**. 1878. 1 partitura. Disponível em: <https://imslp.org/wiki/Piano_Sonata_No.11_in_A_major,_K.331/300i_(Mozart,_Wolfgang_Amadeus)>. Acesso em: 25 maio 2022.

MOZART, W. A. **12 Variations on 'Ah, Je vous direi-ie, maman', K.265/300e**. 1 partitura. Disponível em: <https://imslp.org/wiki/Variations_pour_le_Piano_(Mozart%2C_Wolfgang_Amadeus)>. Acesso em: 20 maio 2022.

MUSSORGSKY, M. **Tableaux d'une exposition**. Leipzig: Breitkopf und Härtel, 1918.

PISTON, W. **Orquestación**. Madrid: Real Musical, 1984.

RACHMANINOFF, S. **Piano Concerto no. 3, op. 30**. Disponível em: <https://imslp.org/wiki/Piano_Concerto_No.3%2C_Op.30_(Rachmaninoff%2C_Sergei>. Acesso em: 25 maio 2022.

RUTTER, J. **Curso de Música da Open University**: orquestração. São Paulo: C. H. Knapp, 1982. v. 16.

SCHOENBERG, A. **Fundamentos da composição musical**. São Paulo: Edusp, 1991.

SCHOENBERG, A. **Harmonia**. São Paulo: Ed. da Unesp, 2001.

SCHÖNBERG, A. **Verklärte Nacht for string sextett, Op.4**. Nova York: Dover Publications, 1994.

SHARON, D.; BELL, D. **A Cappella Arranging**. Milwaukee: Hal Leonard Books, 2012.

STRAVINSKY, I. **Poética musical em 6 lições**. Rio de Janeiro: J. Zahar, 1996.

SUPERPARTITURAS. **Se essa rua fosse minha**. 2015. Disponível em: <https://www.superpartituras.com.br/-desconhecido-/se-essa-rua-fosse-minha-v-4>. Acesso em: 25 maio 2022.

TOCH, E. **La melodía**. Barcelona: Labor, 1989.

TRAGTENBERG, L. **Contraponto**: uma arte de compor. São Paulo: Edusp, 1994.

VASCONCELOS, J. **Acústica musical e organologia**. Porto Alegre: Movimento, 2002.

ZAMACOIS, J. **Curso de formas musicales**. Barcelona: Editorial Labor, 1979.

ZAMACOIS, J. **Temas de estética y de historia de la música**. Barcelona: Labor, 1986.

ZAMACOIS, J. **Teoría de la música**. Barcelona: Labor, 1983.

BIBLIOGRAFIA COMENTADA

ALMADA, C. **Arranjo**. Campinas: Ed. da Unicamp, 2000.

> Nesse livro, são detalhadas informações sobre os instrumentos musicais e sua utilização. Nele, o autor aborda outros aspectos que podem auxiliar tanto o arranjador quanto o compositor.

SCHOENBERG, A. **Fundamentos da composição musical**. São Paulo: Edusp, 1991.

> Arnold Schoenberg, além de compositor, foi um excelente professor. Nesse livro rico em exemplos, o autor detalha desde a elaboração de motivos até a composição de grandes formas musicais.

SCHOENBERG, A. **Harmonia**. São Paulo: Ed. da Unesp, 2001.

> Nesse livro dedicado ao tema da harmonia, o leitor encontra uma abordagem ampla e aprofundada do assunto.

STRAVINSKY, I. **Poética musical em 6 lições**. Rio de Janeiro: J. Zahar, 1996.

Este é um compêndio de aulas realizadas pelo compositor Igor Stravinsky na Universidade de Harvard, nos Estados Unidos. O material revela seu pensamento musical e sua experiência como compositor. Trata-se de uma obra de grande relevância para os compositores e para os amantes da música.

TRAGTENBERG, L. **Contraponto**: uma arte de compor. São Paulo: Edusp, 1994.

Esse é um trabalho recheado de exemplos. Nele, o autor discorre sobre a técnica do contraponto, mas insere elementos de composição, o que é um diferencial do livro, tornando-o relevante para os leitores interessados em composição musical.

TRAGTENBERG, L. (Org.). **O ofício do compositor hoje**. São Paulo: Perspectiva, 2012.

Esse livro é uma coletânea de textos de diferentes compositores, músicos e pesquisadores brasileiros, que se configura como um panorama recente da cena musical brasileira, com diferentes concepções sobre a prática composicional e o papel do compositor.

ANEXO

Extensão dos instrumentos musicais

Nas figuras a seguir, está indicada a extensão de cada instrumento, conforme a seguinte categorização:

Extensão dos instrumentos				
Instrumento	Extensão real	Transposição	Notação	Claves

Figura A – Madeiras I

Fonte: Guest, 1998, p. 52-54.

Figura B – Madeiras II

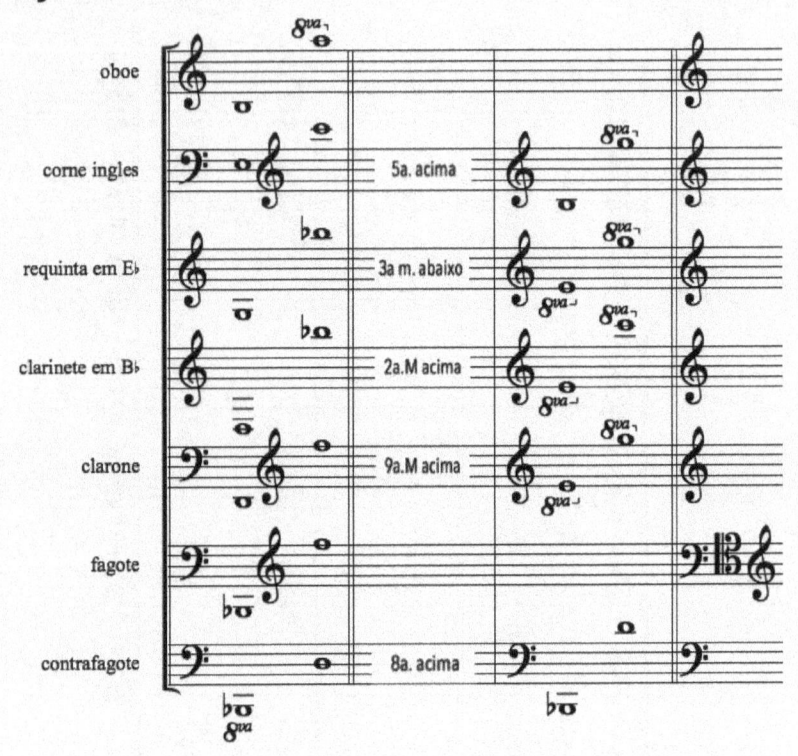

Fonte: Guest, 1996, p. 52-53.

Figura C - Metais

Fonte: Guest, 1996, p. 53.

Figura D – Palhetas, teclados e percussões

Fonte: Guest, 1996, p. 54-55.

Figura E – Vozes e cordas dedilhadas

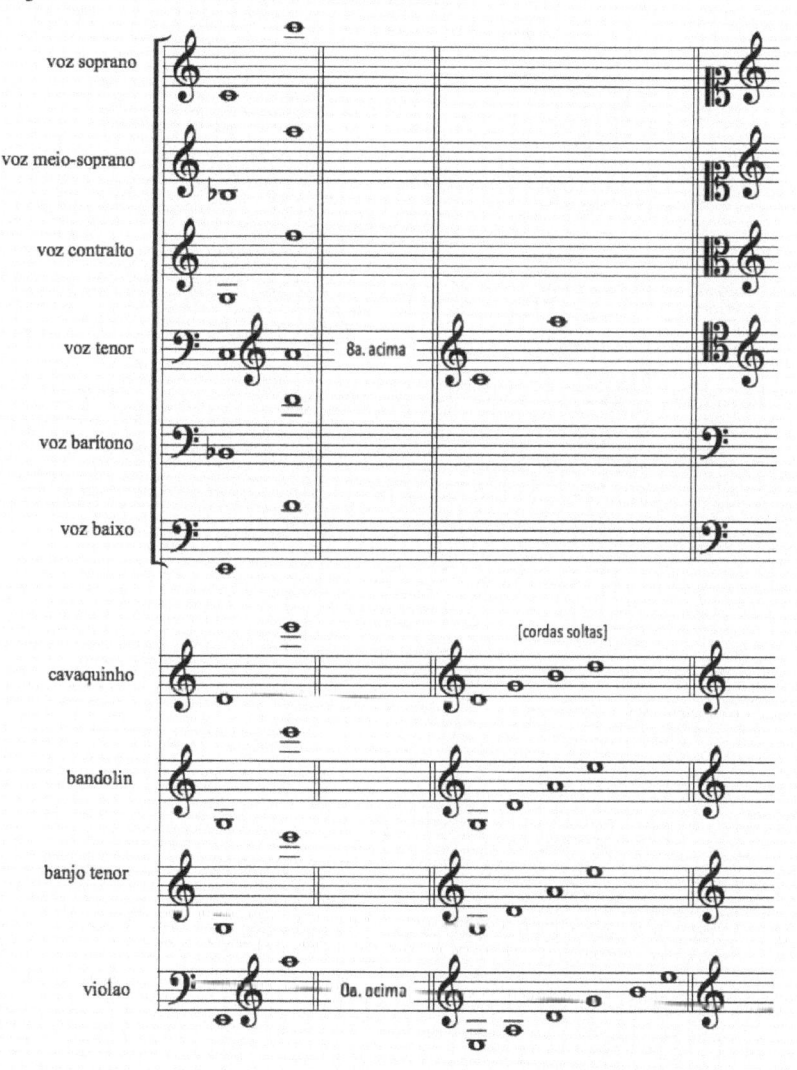

Fonte: Guest, 1996, p. 56.

Figura F – Cordas friccionadas

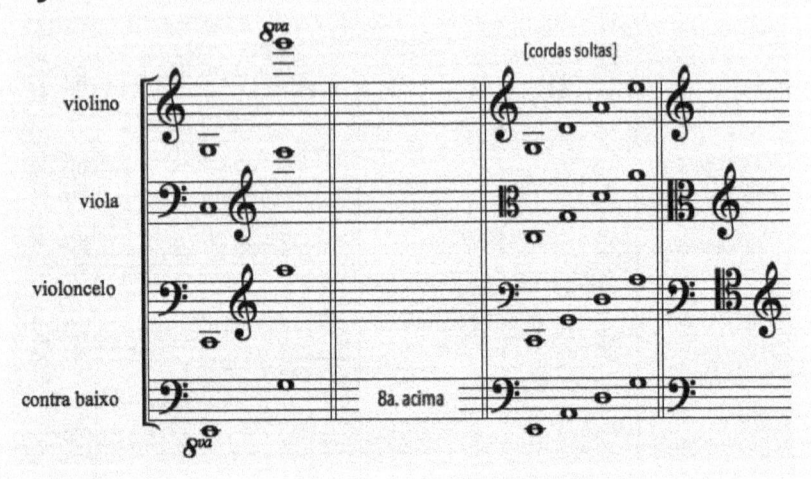

Fonte: Guest, 1996, p. 57.

RESPOSTAS

Capítulo 1
Atividades de autoavaliação

1. b
2. d
3. a
4. b
5. e

Capítulo 2
Atividades de autoavaliação

1. c
2. e
3. a
4. e
5. d

Capítulo 3
Atividades de autoavaliação

1. a
2. b
3. d
4. a
5. b

Capítulo 4
Atividades de autoavaliação

1. c
2. b
3. e
4. a
5. d

Capítulo 5
Atividades de autoavaliação

1. b
2. a
3. d
4. e
5. c

Capítulo 6
Atividades de autoavaliação

1. a
2. e
3. b
4. d
5. c

SOBRE OS AUTORES

Ricardo Petracca (www.ricardopetracca.com) é professor adjunto do Centro de Música e Musicoterapia da Universidade do Estado do Paraná (Unespar), *Campus* II/FAP, em Curitiba, Paraná. Tem experiência em música (produção, composição e arranjo) e educação (TV educativa, produção para diferentes mídias, gestão e docência presencial e a distância). Publicou algumas obras nessas áreas, entre as quais estão *Ética, estética e educação* (em coautoria) e *Música e alteridade: uma abordagem bakhtiniana* – que tem sido utilizada como referência em cursos de pós-graduação –, além dos infantojuvenis *Catarina e a orquestra do vovô Batutinha* (livro interativo) e *Primeiros passos na música clássica para adolescentes*. É doutor em Musicologia pela Universidade Federal do Estado do Rio de Janeiro (Unirio), mestre em Música pela Universidade Federal do Paraná (UFPR) e especialista em História da Música pela Escola de Música e Belas Artes do Paraná (Embap). É graduado em Composição e Regência pela Embap, Licenciatura em Filosofia pelo Centro Universitário Internacional Uninter e Licenciatura em Educação Artística com habilitação em Música pela Faculdade de Artes do Paraná (FAP). Realizou estágio de pós-doutoramento no Programa de Pós-Graduação em Letras na Universidade Federal do Rio Grande (FURG), no qual realizou estudos sobre música pela ótica da filosofia da linguagem de Mikhail Bakhtin.

Felipe Radicetti (https://www.feliperadicetti.com) é organista e compositor atuante no cinema, tendo composto a música original para nove longas-metragens, entre os quais estão *Anjos do Sol*, de Rudi Lagemann (2005), *Castro Alves*, de Silvio Tendler (1997), *Vidas descartáveis*, de Alexandre Valenti (2019), *Histórias da fome no Brasil*, de Camilo Tavares (2018), e *Meu nome é Jacque*, de Angela Zoé (2016), além de dois médias-metragens e cinco curtas. No teatro, criou a música original para onze montagens, e sua obra para o cancioneiro popular está registrada em cinco álbuns lançados, sendo seu último lançamento o EP *Lorca* (2020). É mestre em Música e Educação pela Unirio e autor de dois livros publicados pela Editora InterSaberes: *Escutas e olhares cruzados nos contextos audiovisuais* (2018) e *Trilhas sonoras: o que escutamos no teatro, no cinema e nas mídias audiovisuais* (2020).

Os papéis utilizados neste livro, certificados por instituições ambientais competentes, são recicláveis, provenientes de fontes renováveis e, portanto, um meio **respons**ável e natural de informação e conhecimento.

FSC
www.fsc.org
MISTO
Papel | Apoiando
o manejo florestal
responsável
FSC® C103535

Impressão: Reproset
Maio/2023